챗GPT 시대
독서 레시피
만들고 즐기기

챗GPT 시대
독서 레시피
만들고 즐기기

초판 1쇄 발행 2025년 5월 1일

글쓴이	김원배, 송숙영, 김수연, 박춘이, 김은미, 한인신
발행인	권선복
편집	권보송
디자인	김소영
전자책	서보미
발행처	도서출판 행복에너지
출판등록	제315-2011-000035호
주소	(157-010) 서울특별시 강서구 화곡로 232
전화	0505-613-6133
팩스	0303-0799-1560
홈페이지	www.happybook.or.kr
이메일	ksb6133@naver.com

값 25,000원
ISBN 979-11-93607-82-4(13190)

Copyright ⓒ 김원배, 송숙영, 김수연, 박춘이, 김은미, 한인신, 2025

* 이 책은 저작권법에 따라 보호받는 저작물이므로 무단전재와 무단복제를 금지하며, 이 책의 내용을 전부 또는 일부를 이용하시려면 반드시 저작권자와 〈도서출판 행복에너지〉의 서면 동의를 받아야 합니다.
* 잘못된 책은 구입하신 곳에서 바꾸어 드립니다.

> 도서출판 행복에너지는 독자 여러분의 아이디어와 원고 투고를 기다립니다. 책으로 만들기를 원하는 콘텐츠가 있으신 분은 이메일이나 홈페이지를 통해 간단한 기획서와 기획의도, 연락처 등을 보내주십시오. 행복에너지의 문은 언제나 활짝 열려 있습니다.

챗GPT 시대
독서 레시피
만들고 즐기기

| 김원배, 송숙영, 김수연, 박춘이, 김은미, 한인신 지음 |

인공지능시대
책 읽는 자가 성공한다

1. 인공지능시대에 독서가 필요한가?

올해 초 뉴스에서 2024년을 대표하는 단어로 '뇌 썩음'이라는 단어가 선정되었다는 소식을 들었다. 매년 영국 옥스퍼드대학 출판부에서 6개의 단어 후보를 정한 후 투표를 통해 단어를 선정하는데 2024년도의 단어는 'Brain rot(뇌 썩음)'가 선정된 것이다. 'Brain rot'는 뇌 기능 저하 및 쇠퇴를 이르는 말로 디지털 콘텐츠의 무분별한 과소비로 인해 인간의 정신적 지적 상태가 악화하는 현상을 나타내는 단어이다.

빅데이터를 활용한 인공지능은 우리의 일상을 더욱 편리하게 해주고 있다. 인공지능은 우리의 업무 속도를 혁신적으로 빠르게 만들어 주었다. 많은 시간이 걸리던 문서 작성이나 발표 자료, 자료 생성 등도 몇 가지의 조건을 포함한 질문 하나만으로 순식간에 만들어낸다. 또한 평소 즐겨보거나 검색했던 것들을 분석하여 취향에 맞는 음악, 관심 있는 영상, 관련 행사 등을 바로바로 추천해 준다. 더불어 쇼핑 사이트에서 검색했던 상품, 구매했던 상품들을 계속 광고에 띄워준다.

AI의 발달로 우리의 삶은 점점 편리해지고, 고민할 필요가 없어졌으며 빠른 선택을 가능하게 해 주었다. 그로 인해 여가 시간이 늘어날수록 디지털 기기와 함께하는 시간이 많아졌고, 쉽게 접할 수 있는 중요하지 않은 정보들에 흘려보내는 시간 역시 늘어나고 있다. 그래서 '디지털 치매', '인공지능 과의존' 등의 부작용을 가져오게 된 것이다. 디지털 기기는 우리에게 시간을 절약할 수 있도록 해 주었지만 우리는 오히려 그 시간들을 무분별한 콘텐츠 소비에 사용하고 있다.

기술이 발달할수록 독서의 중요성이 점점 더 커지는 이유는 이러한 인공지능의 부작용을 해소하고 인간의 주체성을 지키는 데 독서가 매우 효과적인 방법이기 때문이다. 우리는 독서를 통해 사유하고 변화하며 성장한다. 인간 고유의 특징인 사유의 힘은 AI로 대체될 수 없다. 그러므로 우리가 AI의 정보에 매몰되지 않고 주체적으로 사용하기 위해서라도 이제는 현명한 독서를 해야 할 때이다.

2. 독서는 끝이 아니라 새로운 시작

아날로그 시대에는 독서 그 자체만으로도 목적이 될 수 있었다. 독서를 많이 한 사람일수록 지식의 총량이 많고 문제를 잘 해결할 수 있는 인재라고 보았기 때문이다. 그래서 꾸준히, 성실하게 많이 읽는 것을 중요하게 생각했다. 그러나 인공지능의 발달로 독서는 더 이상 종착점이 아니게 되었다. 사람이 컴퓨터보다 더 많이, 더 정확하게 지식을 축적하는 것이 불가능하기 때문이다.

학교 교육 현장에서는 디지털 활용 수업이 일반화되었다.

과거에 비해 영상 수업, 매체 활용 수업, 매체 제작 및 발표 수업 등이 대폭적으로 늘어났다. 학부모들은 이러한 현상에 많은 우려를 표하고 있다. 그래서 자녀들이 어릴 때부터 독서 능력을 기를 수 있도록 집안에서 디지털 기기 사용을 금하거나 거실을 서재화 하면서 자녀와 함께 독서하는 등 많은 노력을 기울이고 있다. 요즈음에는 이러한 독서의 필요에 부응하여 다양한 독서 학원들이 매년 생겨나고 있다. 기술이 발달할수록 책이 설 자리가 없을 것이라는 예측을 깨고 독서 관련 산업이 꾸준히 성장하고 있다. 전자책, 오디오 북, 월정액 전자책 서비스, 사교육에서의 독서 학원 열풍, 온라인 독서 챌린지 등 독서 관련 산업은 나날이 확장되고 있다.

독서의 계기는 사람마다 다르다. 취미로, 어떤 주제에 대한 흥미로 시작하거나 지식습득, 자기 계발, 부의 축적, 소통, 성공 등 각자의 필요를 충족하기 위해 독서를 시작한다. 어떤 계기로 독서를 시작하게 되었든 독서는 반드시 변화를 수반한다. 책을 읽기 전의 나와 책을 읽은 후의 나는 분명히 다른 사람이다. 새로운 삶을 살고자 마음 먹고, 꿈을 이루고자 하는 사람들이 반드시 시작하는 것이 독서이다.

우리는 이 책을 통해 인공지능 시대에 자신만의 주체성을 가지고 독서하며 사유하는 힘을 기르고, 그 힘으로 얻은 깨달음을 흘려보내지 않고 잘 붙잡아 두는 것에 중점을 두었다. 그리고 자신의 삶에 적용하면서 소통하고 성장하며 삶을 변화시키고, 평생 독서의 길로 나아가는 길잡이가 되고자 고민하였다.

인공지능 시대의 변화에 발맞춰 나아가며 주체적인 독서를 실천하고, 더 깊이 있는 독서를 원하는 당신에게 이 책이 맛있는 레시피가 되길 바란다. 나아가 이 책과 함께 당신만의 독서 레시피를 만들어가길 바란다.

2025. 3.

저자 일동

 차례

프롤로그   4

Part 1
독서, 왜 읽어야 할까?

01. 완벽한 부모의 비밀　　　　　　　　　　　14
02. 운명처럼 다가온 책이라는 향기　　　　　　25
03. 분야별 책 읽는 이유부터 알고 읽자　　　　33
04. 책으로 여는 삶의 가능성　　　　　　　　　42
05. 언제나 유용한 힘, 독서　　　　　　　　　　50
06. 나이 드는 길목에서 독서의 불빛을 켜다　　59

Part 2
독서, **어떤** 전략으로 읽을까?

01. 기적문 독서법   72
02. 나만의 시공간을 향기롭게   83
03. 실용주의 독서전략   90
04. 효율적인 독서, 당신만의 독서 스타일 찾기   98
05. 내면세계를 확장하는 독서전략   106
06. 밑줄 긋기와 질문하기로 깊이 읽기   116

Part 3
독서, **얼마나** 읽어야 할까?

01. 독서의 양보다 깊이로 승부하라   128
02. 맑고 그윽하게 담아내기   136
03. 얼마나 읽어야 인생이 변할까?   142
04. 부담 없이 시작하는 독서를 즐기기 위한 작은 습관   150
05. 진실한 변화를 끌어내는 힘   158
06. 내면의 우주를 밝히는 독서:
     인공지능 시대, 얼마나 읽어야 할까   166

Part 4
나만의 **독서 노트** 가져볼까?

01. 가족이 함께 쓰는 문지기 독서 노트　　　　　　178
02. 나만의 독서노트　　　　　　185
03. 책을 읽는 행위 자체가 공부다　　　　　　192
04. 독서의 완성은 기록이다　　　　　　201
05. 기록하며 키우는 생각의 숲　　　　　　209
06. 기록을 남기는 법
　　: 앱으로 저장하고, 책 여백에 질문 적기　　　　　　223

Part 5
독서력을 키우기 위한 전략은?

01. 333 Spread 독서　　　　　　232
02. 깊고 넓게 읽기　　　　　　239
03. 삶과 연계된 독서　　　　　　246
04. 독서력, 삶을 풍요롭게 만드는 힘　　　　　　254
05. '꼼독'을 아시나요?　　　　　　261
06. 재미가 루틴으로 이어질 수 있도록　　　　　　272

Part 6
독서와 글쓰기로 연결해볼까?

01. 독서의 소비자가 아닌 생산자가 돼라 **286**
02. 글쓰기로 완성하는 독서 **294**
03. 경험 속에서 글감을 찾아보자 **301**
04. 책과 나를 연결하는 다리, 글쓰기의 즐거움 **309**
05. 글쓰기의 무한 확장 – 일기 쓰기 **318**
06. 책 여백에 기록한 메모가 기록장이 되고 서평이 되다 **328**

에필로그 338

출간후기 342

Part 1

독서, **왜** 읽어야 할까?

01
완벽한 부모의 비밀
- 송숙영

  5월, 떨리는 마음으로 시작한 새 학기가 눈 깜짝할 사이 지나고, 학교의 교정이 아름답게 꽃으로 물들어갈 때쯤이면 큰 행사가 교사와 학부모를 기다리고 있다. 그것은 바로 '학부모 상담 주간' 행사다. 학부모 상담은 부모들에게 자녀가 학교생활을 잘하고 있는지 확인할 기회이자, 학교생활에 대한 궁금증을 풀어낼 수 있는 절호의 기회이기 때문에 많은 학부모님의 관심이 뜨겁다.

  학부모 상담은 학부모뿐 아니라 교사에게도 매우 떨리는 시간이다. 학부모에게 지금까지 아이를 보면서 관찰했던 내용들을 정리해 알리며 적성과 진로 희망에 적합한 교육정보를 제공하기도 하지만, 교사도 영특함이 돋보이는 학생들은 어떤 양육 환경에서 자라났는지 학부모의 입을 통해 비법을 들을 수 있는 기회이기 때문이다.

얼마 전에도 기억에 남는 학부모 상담이 있었다. 지원이 어머니와 만난 자리였는데, 3년 내내 압도적인 우수한 성적으로 '전교 1등'을 놓치지 않는 학생이었다. 지원이 어머니는 전교 1등 자녀를 키운 '완벽한 학부모'이기에 어떤 특별한 방법으로 아이를 양육하고 있는지가 교사와 학부모에게 초미의 관심사였다.

"어머니, 안녕하세요. 지원이가 학교에서 어떻게 지내는지 궁금하시죠? 지원이는 수업 시간에 이해가 가지 않는 내용은 바로 질문하고, 또 한 주제에 대해 항상 새로운 관점과 질문을 던지는 좋은 역량을 가지고 있어요. 이런 좋은 역량을 기를 수 있었던 비법이 있을까요?"

어머니는 쑥스러운 듯 미소를 지으며 이렇게 답했다.

"글쎄요, 특별한 비법이라기보다는…. 아이가 늦게까지 공부할 때 너무 피곤하니 엄마가 옆에서 깨워줬으면 좋겠다고 하더라고요. 그래서 저는 옆에서 조용히 책을 읽다가 아이가 졸려 하면 깨워주기도 하고 커피도 타 주면서 새벽 1

시까지 그냥 같이 있어 줄 뿐이었어요."

　어머니의 대답을 듣고 나는 고개가 절로 끄덕여졌다. 18년간 교직 생활하며 수많은 학부모를 만나 왔지만, '전교 1등'의 부모에게서는 공통된 답변이 나왔다. 그것은 바로 '늘 책 읽는 모습을 자녀들에게 보여주는 가정환경'이었다.

　물론 가정마다 '독서 양육 방법'은 조금씩 다르게 나타났다. 어떤 부모님은 자녀에게 유아부터 중학생 때까지 매일 잠들기 전 머리맡에서 책을 읽어주거나, 자녀와 함께 책을 읽고 대화를 나누거나, 부모가 읽은 책을 자녀에게 권해 주는 등 다양한 방법으로 자녀와 함께 책으로 소통하고 있었다. 이러한 가정에서 자란 자녀는 부모의 모습을 통해 독서하는 분위기를 자연스럽게 받아들이게 된다.

　아마도 '책'이라는 단어만 보면 머리부터 지끈거리는 사람들도 있을 것이다. 먹고살기도 바쁜데 자녀를 위해 억지로 독서까지 해야 하다니, 부담과 거부감부터 들 수 있다. 그럼에도 불구하고 부모가 자녀에게 독서하는 모습을 보여줘야 하는 이유는 무엇일까?

　『어머니의 독서 활동이 자녀 독서 습관 형성에 미치는 영향』(송현서, 한국교원대학교 교육 정책대학원, 2008)에 따르면 어머니가 적극적으로 독서를 하면 자녀가 여가 활동으로 독서를 하는 비중이 일반 학생보다 3배 이상 높았으며, 자녀의 학기당 독서량도 일반 학생보다 5배 이상 많았다고 한다. 또한 자녀들도 어머니를 통해 도서관 이용에 대해 자연스럽게 학습하기 때문에 공공도서관 이용률이 일반학생에 비해 높다는 결과를 발표했다. 이렇듯 부모의 독서 활동은 자녀에게 유익한 독서 환경을 제공하고 자녀들의 독서 습관 형성에 긍정적인 영향을 미치게 된다.

이와 같은 연구 결과에도 불구하고 "요즘 독서 토론수업이 있으니, 학원에 보내면 되지 않겠느냐?"라고 반문하는 사람들도 있을 것이다. 물론 부모의 학력 수준이 높고 자녀에게 물질적인 투자가 높을수록 자녀의 학업성취는 절대적으로 높아진다. 〈김경근 2000, 가족 내 사회적 자본과 아동의 학업성취, 교육사회학 연구. 10(1)〉

그러나 고트프리드Gottfried A. E.의 〈아동의 학업 내재적 동기에서 인지적으로 가정환경을 자극하는 역할(1998)〉이라는 연구에 따르면, 부모가 자녀의 학업을 위해 지원하는 무조건적 자본의 투자는 학업성취를 높일 수 있지만 근본적인 학업 효능감은 높이지 못한다는 연구 결과를 발표했다.

즉, 자녀의 올바른 학습 태도와 습관을 형성하기 위해 부모는 자녀를 독서 학원에 보내는 것이 아니라, 평소 30분이라도 자녀에게 독서하는 모습을 노출하여 가정에서 긍정적인 독서 환경을 만들어 주는 것이 근본적인 자녀의 학업 효능감을 높일 수 있는 방법이라는 것이다.

독서를 단순히 자녀의 성적 향상만을 위해 시작하라고 권하는 것은 아니다. 부모에게도 개인의 삶이 있어야 한다. 자아를 잃은 채 자녀에게 무조건적으로 희생만 하는 부모는 건강한 삶을 산다고 할 수 없다. 필자가 독서를 권하는 이유는 지원이 어머니같이 압도적으로 성적이 높은 학생들의 부모에게는 특유의 여유가 느껴졌기 때문이다. 특별히 멋진 옷을 차려입지 않아도, 온갖 미사여구로 자신을 꾸며내지 않아도, 이미 그들이 가지고 있는 태도의 여유가 그들을 빛나게 한다.

그들의 여유 있는 태도는 부모의 독서에서 이유를 찾을 수 있었다. 몇 년 전 나는 고3 담임교사로 문과 1등인 보영이를 지도했다. 보영이는 3년 내내 내신과 모의고사에서 1등급을 놓치지 않았다. 그래서 대입을 지도할 때 여러 번 상담한 끝에 6개의 수시 원서 중 5개를 최저 학력 기준이 있는 전형으로 지원했다.

올해는 학교 주변을 S대 합격이 크게 쓰인 현수막으로 뒤덮을 수 있겠다고 기대하며 수능 다음날 보영이를 만났다. 그런데 이게 웬일인가? 보영이가 가져온 가채점 결과지에는 지금까지 단 한 번도 받아본 적 없는 4등급이 줄줄이 적혀 있었다. 그 결과지를 받는 순간 제대로 채점한 것인지 의구심이 들어 아이의 표정을 보았다. 아이의 눈빛에서 벌써 몇 번이나 다시 채점해 보고 가져왔다는 것을 알 수 있었다. 나는 아이가 충격을 받아 잘못된 선택을 하지는 않을까? 지원한 6개의 대학 중 5개가 불합격되었는데 남아 있는 1개 학교에 만족하지 못하면 어쩌나, 전전긍긍했다.

보영이를 교실로 돌려보내고 나니 나도 모르게 눈물이 났다. 평소 그 학생이 얼마나 성실하고 선하게 생활해 왔는데 하늘도 무심하시지, 어떻게 이런 일이 벌어질 수 있는지 야속하기만 했다. 얼마나 아이와 부모님이 속상할지 이루 헤아릴 수 없었지만 앞으로 어떻게 지도해야 할지 상의하고자 어머니께 전화를 드렸다.

"어머니, 안녕하세요. 저 보영이가…."

입이 잘 떨어지지 않았지만 어떻게든 어머니를 위로하고 아이가 지금까지 고생했으니 그 노력에 대해 칭찬해 주겠다고 마음먹은 순간, 어머니가 먼저 말을 꺼냈다.

"네, 아쉽지만 뭐…. 그것도 우리 아이 실력이죠. 어쩔 수 없죠. 우리 아이 정말 노력 많이 했어요. 하지만 시험을 잘 보고 컨디션 조절하는 것도 능력이잖아요. 인생에서 어떻게 좋은 일만 있겠어요. 노력했지만 결과를 받아들이는 것도 배워야죠."

"네. 어머니, 제가 보영이 더 잘 살피고 지도하겠습니다."

"그래서 선생님. 부탁드릴 것이 있어요. S대학교 면접이 있잖아요. 아이와 이야기 나누었는데, 면접 지도 계속해 주세요. 면접 응시하기로 했습니다. S대학교면 최고의 학교인데 수능 최저를 못 맞췄다고 안 가면 그 기회가 너무 아깝잖아요. 우리 아이에게 주어진 기회인데 경험 쌓는다고 생각하고 면접에 응시하는 것으로 결정했습니다."

순간 나는 머리를 한 대 맞은 것처럼 띵했다. 보통 수능 최저를 맞추지 못한 학생은 수능일 이후 면접 일정이 있는 대학교의 면접에 가지 않는다. 면접에 가봐야 최저 학력을 맞추지 못해 불합격할 것이 뻔하고, 최저 학력을 맞추지 못했다는 충격에서 헤어 나오기 힘든 시기라 주변에서도 권하지 않는다.

그럼에도 불구하고 어머니와 아이는 불합격이라는 상황에서도 자신에게 주어진 최고의 기회를 놓치지 않겠다는 의지를 보였다. 나는 그날부터 당장 다시 보영이의 면접 지도를 시작했다. 면접실에 들어가는 자세, 걸음걸이, 손동작, 말투, 눈빛, 시선, 발성은 물론 생활기록부를 다시 꼼꼼히 정리하며 며칠을 밤새워 아이와 함께 준비했다. 면접이 끝나자마자 보영이는 나에게 전화했다.

"선생님, 준비한 내용에서 질문이 나와서 긴장하지 않고 편안한 마음으로 잘 답변했습니다."

수능과 면접의 모든 대입 과정이 폭풍처럼 지나가고, 마지막으로 남은 1개 대학의 수시전형 최초 합격이라는 결과를 확인하며 아이와 나는 다시 한번 기뻐했다. 그리고 보영이는 최선을 다해 얻은 결과이기에 합격한 학교에 등록해 즐겁게 대학 생활을 보내겠다고 말했다.

교직 생활 중 이렇게 자녀의 위기를 지혜롭게 극복한 학부모는 처음 보았다. 그녀는 자녀에게 지혜로운 어머니일 뿐만 아니라, 평소 바쁜 직장 생활 속에서도 학교 일에 적극적으로 참여한 학부모였기에, 졸업식 때 학부모 공로상에 보영이 어머니를 추천했다. 졸업식 날 어머니께 축하 인사를 건네며 물었다.

"어머니, 고생 많이 하셨습니다. 수능 결과를 보고 속상하기도 하셨을 텐데 어떻게 지혜롭게 아이의 마음을 위로하고 또 면접에 응시할 수 있도록 지도하셨나요?"

"네, 그때 정말 속상했어요. 눈앞이 캄캄해졌어요. 그런데 슬픔을 간직하느라 소중한 시간을 버리지 말라는 카네기의 명언을 읽었던 게 생각나더라고요. 그 명언이 지금 나의 삶에 필요한 말이라는 생각이 들면서 속상해하기보다는 객관적으로 상황을 봐야겠다는 생각이 들었어요."

어머니가 읽었던 책이 궁금해 인터넷을 검색해 찾아보았다. 데일리 카네기가 남긴 다음의 명언을 비롯해 인간관계에 깨달음을 주는 책으로, 후션즈가 쓴 『관계를 망치는 사람들을 위한 심리 처방전』이라는 책이었다.

> "우리는 일 년 후면 다 잊어버릴 슬픔을 간직하느라
> 무엇과도 바꿀 수 없는 소중한 시간을 버리고 있다.
> 소심하게 굴기에는 인생이 너무 짧다."
> −카네기−

이 일을 통해 독서가 단순히 자녀의 학업성적뿐만 아니라 부모의 심리적 안정, 회복 탄력성, 자녀와의 관계 등에 긍정적 영향을 줄 수 있다는 것을 깨달았다.

부모도 부모는 처음이기에 자녀를 양육하며 겪는 어려움과 두려움을 극복하기 위해 노력해야 한다. 그 과정에서 독서는 우리에게 해답을 줄 수 있는 유용한 도구이다. 비싼 상담이나 설명회, 학원, 주변의 조언보다도 독서는 나와 자녀의 건강한 삶에 직접적으로 도움을 줄 수 있는 도구이자 가장 저렴하면서도 근본적이고 장기적인 문제해결에 도움을 줄 수 있는 삶의 무기가 된다.

나 또한 교사이자 엄마이기에 수많은 아이를 만나며 겪는 어려움과 두려움의 해답을 독서로 찾아가고자 한다. 물론 독서가 말처럼 쉬운 것은 아니다. 하지만 독서를 통해 분투하다 보면 나와 자녀가 더욱 성장하는 행복의 열매를 맺을 것이라 확신하기에, 독서라는 도전을 멈추지 않을 것이다.

	도서명	저자	출판사	소개글
1	만일 내가 인생을 다시 산다면	김혜남	메이븐	놓쳐서는 안 될 인생의 소중한 것들을 깨닫게 해주는 책
2	공부의 미래	구본권	한겨레출판	나와 내 아이의 미래를 위한 공부의 본질은 무엇인가를 생각하게 하는 책
3	빠르게 실패하기	존 크럼볼츠, 라이언 바비노	스노우폭스북스	시도와 실패에 용기를 더해주는 책. 나와 내 아이의 실패도 결국은 성장의 경험이다.
4	데일 카네기 인간관계론	데일 카네기	현대지성	미래사회는 인간관계가 핵심이다. 인간에게 가장 필요한 능력을 실용적으로 알려주는 책
5	그릿	앤절라 더크워스	비즈니스북스	포기하지 않는 나와 내 자녀의 그릿을 기르는 방법을 알려주는 책
6	영혼이 강한 아이로 키워라	조선미	북하우스	무엇이 아이를 강하게 해 주는지에 대해 지혜를 얻는 책
7	66일 자존감 대화법	김종원	카시오페아	머리로는 알고 있지만 입으로는 내 자녀에게 따뜻한 말을 건네기 힘들 때 도움을 받을 수 있는 책
8	하고 싶은 것이 뭔지 모르는 10대에게	김원배	애플북스	아이의 진로고민을 차근차근 워크북을 통해 해결할 수 있는 책
9	아이는 무엇으로 자라는가	버지니아 사티어	포레스트북스	아이에 대한 생각과 마음가짐에 대한 고민을 해결할 책
10	초예측	오노 가즈모토	웅진지식하우스	우리가 맞이할 미래 세계는 어떤 변화가 일어날 것이며 자녀에게 어떤 눈을 길러줘야 할 것인지 생각해 볼 수 있는 책

02
운명처럼 다가온 책이라는 향기

― 김수연

    나는 5남매 중 막내딸로 태어났다. 어렸을 때부터 우리 집에는 책이 없었다. 억척스러운 우리 엄마는 살아내느라 바빴다. 함경남도 북청을 고향으로 두신 아버지는 교육열이 높아서 공과금은 늘 1등으로 내주셨으나, 집에 책을 들여놓을 생각은 하지 않으셨다.

    그렇게 나는 학창 시절을 마쳤다. 물론 공부를 제대로 해본 기억도 없다. 겨우 대학은 갔으나 학교가 마음에 들지 않아 늘 결석했다. 나는 20대에 방황하며 잠시나마 닥치는 대로 책을 읽었다. 헤르만 헤세의 『데미안』, 『수레바퀴 아래서』 같은 책들이었다. 이후 나의 독서는 중단되었다. 일 년에 열 손가락 안에 들 정도로 띄엄띄엄 읽었고, 그나마 읽었던 책도 당시 유행했던 공지영, 신경숙 작가의 책이었다.

남편의 직업은 홍보 광고 감독이었다. 짠돌이 남편은 잘 벌었으나, 늘 안 써야 잘 살 수 있다고 말했다. 결혼 전 연애할 때 그는 나에게 직업을 가지지 않았으면 좋겠다고 말했다.

자랄 때 집에 책은 없었으나 엄마의 큰 사랑을 보고 자랐다. 엄마는 지난한 일제 강점기와 전쟁을 겪으며 머리에 꽃을 꽂고 정신을 놓아버린 가여운 여인네들을 따신 물로 씻기고, 깨끗하게 입히고, 배불리 먹이고, 보내고 데려오기를 반복하셨다.

그 덕분일까? 봉사를 유전자에 새겨 태어났다고 생각하던 나는 봉사를 위해 10개의 자격증을 모았다. '숲 체험 지도사' 자격증을 보태려고 숲 봉사를 하던 중, 아이들의 재밌는 숲 체험을 위해 체험 과정에 책을 보태면 좋겠다는 생각으로 독서 지도사 자격증에 도전했다. 그렇게 책이 내게로 왔다.

그즈음 나 자신보다 천만 배는 더 사랑했던 엄마가 돌아가셨다. 체했다고 병원에 가셨는데 돌아오지 않으셨다. 평소 엄마 산소에서 절대 후회의 눈물을 쏟지 않겠다고 맹세하며 살았다. 그래서 괜찮을 줄 알았는데 충분히 울지 못했던 나는 계속 헛소리를 하면서 엄마를 놓지 못했다.

"엄마, 홍시야. 엄마가 좋아하는 감. 이거 먹어."

아침에 일어나면 돌아가신 엄마에게 말을 걸고, 마지막에 교회를 다니셨던 엄마를 생각하면 입에서 찬송가가 끝없이 흘러나왔다. 내 종교는 기독교가 아니었음에도 미친 듯이 찬송가를 불러댔고, 밀폐된 공간에 있으면 또 다른 사악한 영이 찾아와 나를 흔들었다. 반쯤 미쳐 있었다.

그때 첫 독서 모임에서 만난 책이 알베르 카뮈의 『페스트』였다. 독서 초보자인 나는 엄마를 잃은 슬픔에 잠겨 책의 내용이 들어오지 않음에도 그냥 활자만 읽었다. 신기하게도 책을 읽을 때 슬픔이 잊혔다. 나는 책 뒤로 숨었다. 슬픔을 이기기 위해. 그렇게 책이 나에게 왔다. 딱 10년 전의 일이다. 십 년 동안 1,500권의 책을 읽었다. 책은 이제 나의 생명줄이고 산소이다.

나만 잘하면 사랑받는 것은 식은 죽 먹기였던 결혼 전과 달리, 시어머니와 형님의 까칠한 성격은 결혼 후 매일 나를 울게 했다. 시아버지의 분노 유전자를 물려받은 남편은 결혼 후 7년이 지나자, 그동안 숨겨 놓았던 분노를 거침없이 발산했다. 남편을 사랑했으나, 집에서 일하는 그의 감정 쓰레기통으로 전락한 삶을 견디기에 나는 너무도 지쳐 있었다.

2014년, 헨리크 입센의 『인형의 집』을 읽었다. 그때 알았다. 내가 여주인공 '노라Nora'였다는 것을. 배우는 것을 하지 말라는 남편 몰래 계속 배웠고, 남편이 소리 지르면 『이지 잉글리쉬』라는 책을 들고 밤새도록 영어를 외웠다.

영어는 나의 탈출구였다. 그런데 어느 날, 라디오의 영어가 또렷하게 들렸다. 나는 라디오 속 영어를 들으며 웃었고, 그 방송이 영어로만 말하는 방송임을 알았을 때 마냥 신기했다. 삶이라는 거센 풍랑과 해일을 책과 영어로 헤쳐 왔다.

한 달에 한 번, 전국에서 모인 공교육, 사교육 독서를 즐기는 선생님들의 독서 모임을 알게 되었다. 그 모임에서 읽은 책은 『조선 상고사』, 『역사란 무엇인가』, 플라톤의 『국가』, 『군주론』, 『사기 본기』와 같은 책들이었다. 나도 참여했으나, 너무 어려운 내용에 한마디도 할 수 없어서 살며시 나왔다. 내 자리가 아닌 줄 알면서도 그날이 찾아오면 그곳을 방문했다. 리더를 무시해서가 아니라, 오지 말라고 할까 봐 인사도 못 드리고 들어가 몰래 나오기를 반복했다.

도서로 『이기적 유전자』가 선정되면서, 집 옆에 있는 도서관으로 달려가 리처드 도킨스의 저서와 그에 관련된 저자들의 책 열 권 정도를 빌려서 쌓아 놓고 막무가내로 읽었다. 무식하고 가방끈 짧고 독서력도 문해력도 없지만, 모임에 가서 한마디라도 입을 벙긋거리고, 지적 매력이 철철 흘러넘치는 선생님들께 동화되고 싶었다.

그들이 한 번 읽을 때 나는 백 번 읽어 책을 씹어 먹겠다는 오기가 발동했다. 평발인 박지성이 축구왕이 되었듯이, 지성의 평발인 내가 통찰 언저리를 훔쳐보겠다는 각오가 있었다. 그렇게 들이댄 나의 무모함은 나에게 소명을 찾아주었다.

지금, 나는 책 읽을 때 몰입하고, 학교에서 아이들과 공부할 때 신이 나는 그런 선생님이 되었다. 더 좋은 교사가 되기 위해 새벽에 일어나 책을 읽는다. 더 좋은 사람이 되기 위해 읽고 실천하려 노력한다. 무엇보다 인생 후반전이 기대되고 설렌다. 아니, 매일 설렘 속에 살고 있다.

설레고 가슴 뛰는 행복을 나 혼자 누리기 아까워 이제는 '쓰는 삶'에 동참했다. 삶은 기적이고 마법 같은 선물임을 책에서 배웠고, 가치 있는 세상을 만들고 싶어 읽고 쓰는 일을 멈추지 않는다.
　신은 나를 빚으실 때 책과 사랑을 함께 넣어 만드셨다고 믿는다. 책을 읽으면 어제보다 나은 사람이 된다. 길을 잃으면 책의 성현들이 나타나 길을 알려준다. 희망을 잃으면 작가들이 주인공들을 만들어 "용기를 내라."고 응원을 보낸다. 오늘의 어둠은 더 찬란한 내일을 예고하는 것이니 지금, 여기서 그 슬픔과 고통조차도 즐기라고 메아리친다.

　정독과 다독 사이를 오가는 동안, 나는 나이로 익어간다. 거리에서는 쓰레기를 줍는다. 경비원 아저씨께 상냥한 눈인사와 함께 시원한 음료와 미소를 건넨다. 자만심이 아닌 자존감을 챙기고 허영심이나 교만이 아닌 겸손의 미덕을 알아간다. 아직은 형편없지만 분명 좋은 사람이 될 수 있다는 믿음이 나를 미소 짓게 한다. 완벽한 사람이 아닌 '나 자체로 괜찮은 완전한' 사람을 추구한다.
　읽고 쓰는 삶을 만나는 사이 '사람'을 만났다. 사람을 책과 함께 만나면 사랑이 싹튼다. 그 힘으로 하루를 살아낸다.

책을 통해 얻어낸 가장 큰 수확은 사람과 사랑이다. 이제 그들과는 가족과 같은 관계가 되었다. 나이와 사는 곳, 성격 모두 다르지만 우리는 하나다. 슬픔과 기쁨과 즐거움을 나누는 사이 가족이 되었다. 사람 부자가 되었고, 사랑 부자가 되었다. 외롭지 않고 든든하다.

부자나 권력의 백은 없지만 '사람 백, 사랑 백' 하나면 가시밭길도 두렵지 않다. 행복해지려고 노력하지 않는다. 지금 충분히 행복하기 때문이다. 내가 가는 길에 책이 동행한다. 두렵지 않게 자유라는 가치에 성큼 다가선다. 걷는 여정에서 활자라는 향기가 옷을 입혀준다. 나는 꾸준히 거듭 태어날 것이다.

> "네가 무언가를 간절히 원하면
> 온 우주가 그것을 이루도록 도와줄 것이다."
>
> — 파울로 코엘료, 『연금술사』 중에서

03
분야별 책 읽는 이유부터 알고 읽자

— 김원배

"나무가 오래되면 높이 있는 가지부터 마르기 마련입니다. 비록 땅 가까운 곳에 가지들이 살아 있지만, 이것들도 멀지 않아 말라버릴 것입니다. 하지만 땅의 힘을 빌려 새로 돋은 가지는 이렇게 싱싱합니다. 이 가지들은 훗날 반드시 또 하나의 거목으로 자라날 거예요. 저는 바로 그런 가지가 되고 싶습니다. 이미 말라가는 등걸에 의지하는 것이 아니라, 땅의 힘을 빌려 새로 돋고 싶습니다."

『삼국지』에 나오는 문장이다. 우리에게는 기회라는 땅이 있다. 그 땅 위에서 기운을 받아 새롭게 태어나야 한다.

요즘 인간의 수명이 길어지면서 퇴직 후에도 오랜 기간을 더 살아야 한다. 그래서 퇴직 후에는 새로운 소일거리나 직업 활동을 시작해야 하지만, 많은 사람이 현직에서의 권위를 쉽게 내려놓지 못하고 있다. 퇴직 후 삶을 더 의미 있게 보내기 위해서는 현역 시절의 역할에서 벗어나, 새로운 도전을 받아들이는 자세가 필요하다.

예를 들어, 교장으로 퇴직한 사람은 여전히 주변에서 "교장선생님"으로 불리길 원한다. 그동안 학교에서는 교장이었지만, 사회에서는 그 역할이 끝났음을 받아들여야 한다.

나무는 새로운 땅에 뿌리를 내리고 하늘을 향해 가지를 뻗는다. 하지만 모든 가지가 항상 푸르고 싱싱할 수는 없다. 오래된 가지는 결국 생기를 잃고 말라버리기 마련이다. 우리의 삶도 이와 비슷하다. 과거의 성공에만 매달리거나 더 이상 성장하지 않는 익숙한 환경에 안주할 때, 마치 말라가는 가지처럼 생기를 잃어버릴 수 있다. 꾸준하게 생기를 유지하려면 변화에 빠르게 적응하고 꾸준히 배워나가는 노력이 중요하다. 평소 새로운 공부를 시작하고 계속해서 자신을 발전시키는 것이 필요한 것이다. 이는 새로운 환경에서 새롭게 뿌리 내리고 활력을 되찾는 가장 좋은 방법이다.

2012년에 진로 진학 상담교사가 되면서 생애 진로 목표를 세웠다. 말라가는 가지가 아닌 생기 있는 가지를 가진 나무가 되기 위해 무엇이 필요할지 고민했고, 그 답을 책 속에서 찾고자 했다. 그래서 매일 새벽 3시에 일어나서 독서에 몰입하기로 결심했다. 매년 초, 그해 읽을 분야를 정하고 그 분야의 책들을 읽으며 꾸준히 성장하고 있다.

책을 읽을 때는 계획을 세우는 것이 중요하다. 분야별로 정해진 책을 읽는 것도 좋고, 관심 있는 다양한 분야의 책을 골고루 읽어도 된다. 분야별로 책을 읽는 것은 여러 가지 이점이 있다.

첫째, 특정 분야에 집중해서 읽으면 그 분야에 대한 깊이 있는 지식을 쌓을 수 있다. 예를 들어, 경제 분야의 책을 읽으면 경제적 안목과 금융 지식을 높일 수 있다.

둘째, 다양한 분야의 책을 골고루 읽으면 넓은 시각을 기를 수 있다. 인문학과 과학을 함께 읽으면 사람에 대한 이해와 과학적 사고를 함께 발전시킬 수 있다.

셋째, 분야별 독서는 문제 해결 능력을 키워준다. 자기계발서와 심리학 책을 읽으면 자기 자신을 이해하고 더 나은 결정을 내리는 데 도움을 받을 수 있다.

책을 읽는 이유는 특정 분야에서 전문성을 쌓거나 다양한 분야를 이해하여 시야를 넓히기 위해서다. 분야별 독서 방법과 적용 방법을 구체적으로 살펴보면 아래 표와 같다.

연번	분야	내용
1	문학	문학 분야 책은 다양한 배경을 지닌 인물들의 삶에 들어가 그들의 생각과 감정, 도전을 경험하게 함으로써 공감 능력을 키울 수 있다. 소설은 특정 상황과 인물 딜레마를 설정하여 자신과 다른 경험이나 세계관을 가지고 있는 사람들을 이해할 수 있게 해 준다. 또한 인간이 가지고 있는 복잡한 감정을 이해할 수 있다. 독서를 통해 우리는 삶에서 이러한 상황을 직접 겪지 않고도 사랑, 배신, 절망, 기쁨 등 다양한 감정을 대리적으로 경험할 수 있다. 이러한 경험은 삶 속에서 비슷한 감정이 생겼을 때 대처하는 데 도움이 되므로 문학은 개인적 성장과 감정적 회복력을 높이는 데 도움이 된다. 더욱이 문학은 복잡한 도덕적 딜레마와 윤리적 질문을 제시하는 경우가 많으므로 독자는 이러한 문제를 일상생활에서 해결하는 데 적용할 수 있다.
2	역사	역사 분야 책은 과거의 사건들을 통해 현재를 이해하게 한다. 과거에 대해 배움으로써 우리는 역사적 사건과 결정이 현재를 어떻게 형성하는지 더 잘 이해할 수 있다. 예를 들어, 제2차 세계 대전이나 민권 운동과 같은 주요 사건들의 원인과 결과에 대해 읽으면 오늘날 진행 중인 정치적 갈등이나 사회 문제를 이해하고 해결해야 할 점을 파악하는 데 도움이 된다.
3	과학	과학 분야 책은 우주의 기원부터 인체의 복잡성까지, 다양한 주제를 탐구하여 복잡한 현상에 대한 이해를 넓힐 수 있게 해 준다. 오늘날 급변하는 세계에서는 과학적 원리를 이해하는 것이 그 어느 때보다 중요하다. 인공지능, 생명 공학, 환경 과학과 같은 주제에 관한 책은 새로운 분야에 관심을 가지게 하고, 도전하는 데 필요한 아이디어를 얻을 수 있게 한다. 즉, 독자의 호기심을 불러일으키면서 평생 학습에 대한 열정을 불러일으키는 것이다.
4	예술	예술 분야 책은 다양한 예술 작품이 탄생한 맥락과 그것이 전달하는 메시지를 이해함으로써 독자는 창작 과정과 인간 문화를 형성하는 예술의 역할에 대해 배우게 된다. 우리는 예술을 통해 세상을 다르게 보고, 아름다움을 발견하고, 일상에서 정신적인 풍요로움을 얻을 수 있다.

연번	분야	내용
5	음악	음악 분야 책은 세계 음악계를 구성하는 다양한 전통과 장르를 살펴볼 수 있다. 이 책들은 리듬, 멜로디, 화성 등 음악의 기술적 측면을 설명하는 동시에 음악의 문화적 중요성을 깨닫게 하고 정서에 긍정적 영향을 끼친다. 음악에 관한 책을 읽으면서 우리는 다양한 사회가 어떻게 소리를 통해 가치, 역사, 감정을 표현하는지 배울 수 있다. 나아가 국경을 초월하고 사람들을 하나로 모으는 보편적 언어인 음악에 대한 우리의 인식을 더욱 깊게 할 수 있다.
6	철학	철학과 윤리 분야 책은 인간의 존재, 도덕성 및 목적에 대한 근본적인 질문을 이해하는 데 도움이 된다. 철학은 우리가 자신의 신념과 삶에 대한 가치관을 살펴보는 계기가 된다. 또한, 윤리적 원칙에 대한 더 깊은 이해를 촉진하고 복잡한 도덕적 딜레마를 헤쳐 나가는 데 도움이 된다. 철학을 통해 우리는 삶의 방향성을 명확하게 설정하고 도전하며 지혜롭게 살아가는 법을 배우게 된다.
7	심리학	심리학 분야 책은 인간 행동, 인지 및 정서적 행복에 대한 의미를 이해하는 데 도움이 된다. 평소 일상생활에서 습관을 형성하고, 역경에 대처하는 방법을 포함하여 긍정적인 마음가짐을 형성할 수 있도록 도움을 받을 수 있다. 심리학 분야 책을 읽음으로써 우리는 정신 건강을 개선하고 회복력을 키우며 주변 사람들과 끈끈한 관계를 만들어 갈 수 있다. 미래의 삶에 대한 불안에서 벗어날 수 있는 도구이기도 하다.
8	자기계발서	자기계발서는 세상을 살아가는 데 필요한 성장 전략을 배우고, 사고방식, 사람들과의 관계 등 내 삶의 다양한 영역을 개선하는 데 도움이 된다. 이 책을 읽음으로써 자신을 더 잘 이해하고, 좋은 습관을 들이고, 어려움을 극복하는 데 도움이 되는 실용적인 방법들을 배우게 된다. 자기계발서를 통해 인생 2막을 설계하는 데 유용한 마음가짐을 가질 수 있다.
9	에세이	에세이를 읽는 이유는 다른 사람의 눈으로 삶을 바라볼 기회를 얻을 수 있기 때문이다. 에세이는 삶을 살아가는 새로운 방식을 제시하고, 흘러가는 하루 속에서 내가 놓친 소중한 순간들을 찾아내게 한다. 그리고 세상 속에서 내 삶을 다시 되돌아보게 하며 살아갈 용기를 얻을 수 있게 한다.

다양한 분야의 책을 읽는 것은 지적으로, 감성적으로, 창의적으로 성장할 수 있는 가장 빠른 길이다. 소설과 문학은 공감과 이해를 키우는 데 도움이 된다. 역사는 과거로부터의 교훈을 가르친다. 과학은 지식과 비판적 사고를 확장하고, 예술과 음악은 감성과 창의성을 키우고, 철학은 도덕적 추론을 심화시키며, 심리학은 자기 인식과 성장을 강화하게 만든다. 비즈니스와 경제는 현대 사회에서 나아가야 하는 방향성을 탐색할 수 있도록 도움을 준다. 다양한 학문 분야에서 독서 습관을 갖춤으로써 삶을 풍요롭게 할 뿐만 아니라, 더 많은 정보를 얻고 공감하며 미래 사회를 살아가는 데 필수적인 역동적 힘을 얻을 수 있는 것이다.

박준 작가는 『운다고 달라지는 일은 아무것도 없겠지만』에서 "나는 타인에게 별생각 없이 건넨 말이 내가 그들에게 남긴 유언이 될 수도 있다고 믿는다. 그래서 같은 말이라도 조금 따뜻하고 예쁘게 하려 노력하는 편이다. 말은 사람의 입에서 태어났다가 사람의 귀에서 죽는다. 하지만 말들은 죽지 않고 사람의 마음속으로 들어가 살아남는다."라고 말한다. 책 속의 좋은 문장들은 내 마음속으로 들어와 살아가는 데 힘이 되어주고 있다.

프랑스 시인 알랭 샤르티에는 "명작은 젊어서 한 번, 중년에 한 번, 늙어서 한 번, 모두 세 번을 읽어야 한다."고 말한다. 사실 나는 모든 책을 재독하지 않는다. 한 번 읽은 책은 서가에 보관하다가 글을 쓸 때만 꺼내 본다. 내 삶에 영향을 끼쳤던 책들은 재독, 삼독 꾸준하게 읽히면서 나의 정신적인 성장을 돕고 있을 것이다. 새벽에 일어나서 책을 읽는 나에게 독서는 생존이다. 삼시 세끼 밥을 먹듯이 정신적인 성장을 위해서, 미래의 삶을 풍요롭게 만들어 가기 위해 꾸준히 실천하는 독서를 하고 있다.

효율적인 독서를 위해서는 독서의 목적을 구체적으로 설계하는 것이 중요하다. 예를 들어, 자신의 일과 관련된 독서에서는 업무에서 가장 유용하게 사용할 수 있는 지식을 얻을 수 있도록 독서의 목적을 설정한다. 또는 분야를 정해 놓고 집중적으로 연구하기 위해, 미래의 나를 위한 준비를 위해서 등 구체적이고 실천 가능한 계획을 세우는 것이 중요하다. 급변하는 세상 속에서 적극적으로 대응하고, 의미 있는 인생 2막을 준비하고 싶다면 책 읽는 시간을 투자해서 나를 변화시키고 성장시키는 기회로 만들어야 한다.

94세의 워런 버핏은 장수의 비결을 '8시간 숙면, 1주일에 8시간 카드를 이용한 두뇌게임, 무리가 되지 않는 일정, 하루 5~6시간 독서 활동, 감사한 일 헤아리기, 관계의 중요성 인식하기'라고 한다. 책은 평생 함께 가야 하는 친구이자 동업자이다.

『1천 권 독서법』의 저자 전안나 작가는 현재 3,425권째 읽는 중이라고 한다. 1일 1권 읽는 것이 처음에는 힘들었으나 점차 읽는 속도가 빨라지면서 거뜬히 하루에 한 권씩 읽는 중이란다. 독서로 성공한 사람들의 공통점은 한결같이 목표를 정해서 책을 읽었다는 점이다. 한 번 읽고 끝내는 것이 아니라 책 속의 문장들을 삶과 연결해 보는 활동으로 실천하는 삶을 살아가는 것이다.

읽을 분야를 계획하면 시간을 절약하고 체계적으로 책을 읽을 수 있게 해 준다. 독서가 수동적인 활동에서 목적 있는 적극적인 활동으로 바뀌게 되는 것이다. 우리가 읽은 책은 우리의 지식을 넓히고 생각을 깊게 하며 궁극적으로 꿈을 이루고 성장하는 모습으로 바뀌게 해 준다. 처음으로 독서에 도전하는 사람들에게는 분야별로 도서를 선정하여 집중해서 읽는 것이 매우 효과적인 독서 방법이 될 수 있다.

"내가 진정으로 생각하고 싶은 모든 것을 생각하기에,
내가 진정으로 걷고 싶은 만큼 걷기에,
내가 진정으로 읽고 싶은 모든 책을 읽기에,
내가 진정으로 만나고 싶은 모든 친구를 만나기에…
나의 하루는 여전히 짧기만 합니다."

– 존 버로우(John Burrough) –

04
책으로 여는 삶의 가능성
- 박춘이

 대부분 어릴 때 부모님께 "책 좀 읽어라!"라는 말을 들어본 적이 있을 것이다. 식탁에서, 방에서, 심지어 TV를 보고 있을 때도 부모님은 늘 같은 말씀을 하셨다. 그런 말을 듣고 자란 우리는 현재 부모가 되어 자녀들에게 같은 말을 건네고 있다. 하지만 어린 시절에는 책 읽기의 의미를 알지 못했기에, 그 말이 지루한 훈계처럼만 느껴졌다. 친구들과 뛰어노는 것이 훨씬 즐거웠고, 만화책 한 권을 보는 것조차도 숙제처럼 느껴지곤 했다.
 그렇게 책과는 거리가 먼 삶을 살던 내가 본격적으로 독서를 시작한 것은 불과 4년 전쯤 온라인 활동을 시작하면서부터이다. MKYU 온라인 대학생이 되면서 독서가 필수 과제가 되었고, 과제를 제출하기 위해 책을 읽기 시작했다. 처음에는 마냥 부담스러웠다. 독서가 재미있어서가 아니라, 등급을 올리기 위해 해야만 하는 일이었기 때문이다. 1주일에 한 권씩 책을 읽고 생각을 정리해 제출해야 했던 시간은 힘들었지만, 그 과정이 없었다면 나는 독서를 지속하지 못했을 것이다. 그 과정은 나를 변화시키는 터닝 포인트가 되었다. 처음엔 억지로 읽던 책이 어느 순간부터는 내 삶에 없어서는 안 될 존재가 되어 있었다.

그러던 중, 예상치 못한 일이 벌어졌다. 우연한 기회로 독서모임 리더가 되면서 나는 더 이상 책을 피할 수 없는 상황이 되었다. 기본 지식도 부족했고, 모임을 운영하는 것도 쉽지 않았다. 그래서 다양한 독서모임에 참여하면서 실무 경험을 쌓아 나갔다. 처음에는 모임을 이끄는 것이 너무 부담스러워 도망가고 싶었던 적도 있었지만, 점점 사람들과 함께 책을 읽고 이야기를 나누는 시간이 즐거워졌다.

특히 내게 가장 인상 깊었던 경험은 '벽돌책' 독서모임이었다. 일반적인 책도 끝까지 읽기가 힘들었는데, 두꺼운 벽돌책을 읽는다는 것은 상상도 하지 못했던 일이었다. 하지만 함께 읽고 토론하며 한 페이지씩 넘기다 보니 어느새 마지막 장을 넘기는 나 자신을 발견했다. 책의 내용을 전부 기억하는 것도 중요했지만, 그보다 더 값진 것은 '나도 해낼 수 있다'는 성취감이었다. 독서는 단순한 정보 습득을 넘어 내게 자신감을 심어주는 멋진 도구가 되었다.

이제는 책이 내 삶을 풍요롭게 만드는 존재임을 확신한다. 독서는 단순히 지식을 쌓는 행위가 아니라 사고력을 키우고 감성을 풍부하게 하며, 내면을 더욱 깊이 있게 만들어준다. 우리가 책을 읽을 때 얻는 것은 단순한 정보가 아니다. 책을 통해 우리는 새로운 관점을 배우고, 세상을 보는 시야를 넓힌다. 그리고 무엇보다도, '나는 책을 읽을 수 있는 사람이다'라는 믿음이 생긴다. 어릴 적 부모님의 잔소리가 이제야 비로소 진정한 의미로 다가오는 순간이다.

독서가 특별한 이유

인터넷과 SNS가 발달하면서 우리는 수많은 정보를 빠르게 접할 수 있게 되었다. 하지만 이러한 단편적인 정보들은 깊은 사고를 필요로 하지 않으며, 쉽게 소비되고 쉽게 잊힌다. 반면, 책은 저자의 오랜 연구와 통찰이 담긴 결과물로,

한 주제를 깊이 탐구할 기회를 제공한다.

예를 들어, 인터넷에서 '기후 변화'에 관한 짧은 글을 읽는 것과 기후 변화에 대한 한 권의 책을 읽는 것은 완전히 다른 경험이다. 책은 문제의 원인과 결과를 체계적으로 설명하며, 다양한 관점을 탐색할 수 있게 한다. 이를 통해 우리는 정보의 단순한 소비자가 아니라 비판적 사고를 갖춘 독자로 성장할 수 있다.

책을 읽는다는 것은 단순히 글자를 따라 읽는 행위가 아니다. 독서는 저자가 전하는 생각을 따라가며 자신의 경험과 감정을 덧붙여 내 것으로 만드는 과정이다.

철학 서적을 읽으면 철학자들의 사상을 이해하는 데서 그치지 않고, 그 사상의 탄생 배경과 현재 우리에게 주는 의미를 고민하게 된다. 소설을 읽으면 주인공의 감정에 공감하며, 실제 경험하지 못한 삶을 간접적으로 체험할 수 있다. 이러한 과정 속에서 우리는 사고력과 분석력을 기르고, 문제 해결 능력을 키울 수 있다.

독서와 삶의 변화

독서는 단순히 지식 습득의 도구를 넘어 내면의 성장을 이끄는 중요한 수단이다. 우리가 살아가며 겪는 많은 고민과 문제들은 독서를 통해 해결책을 찾을 수 있다.

자아실현에 관한 책을 읽으면 자신을 되돌아보게 되고, 인간관계에 대한 책을 읽으면 주변 사람들과의 관계를 새롭게 바라볼 수 있다. 또한 목표 설정과 자기계발에 도움이 되는 책들은 우리의 삶의 방향을 설정하는 데 큰 역할을 한다.

어떤 이들은 "책을 읽는다고 당장 변하는 것은 없다."라고 말하기도 한다. 하지만 독서는 꾸준할 때 비로소 우리의 생각과 행동을 서서히 변화시킨다. 책 속의 한 문장, 저자의 한 생각이 인생의 결정적인 순간에 떠올라 우리의 선택을 바꾸는 계기가 되기도 한다. 성장은 단번에 이루어지지 않는다. 매일 조금씩 책을 읽고, 그 내용을 되새기며 삶에 적용할 때 변화가 시작된다.

한때 첫아이의 사춘기와 나의 갱년기가 겹치면서 서로 소통하는 것이 어려웠던 시기가 있었다. 이때 심리학과 뇌과학 관련 책들을 읽으며 문제 해결의 실마리를 찾았다. 내가 몰랐던 사실을 알게 되면서 아이들의 행동과 심리를 이해하게 되었고, 책에서 얻은 지식을 나의 상황에 맞게 적용해 보았다. 단순히 아이들을 변화시키려 하기보다, 나 자신이 먼저 변하는 모습을 보이자 가족들도 자연스럽게 달라지기 시작했다. 변화는 빠르게 이루어지지 않았지만 꾸준히 이어졌고, 그 과정을 통해 우리는 서로를 더 깊이 이해할 수 있었다.

독서가 주는 행복

독서는 우리를 더 나은 사람으로 만들어 준다. 책을 통해 얻은 통찰과 지혜는 더 나은 선택을 할 수 있도록 돕고, 세상을 더 넓은 시야로 바라볼 수 있게 한다. 이는 결국 삶의 가능성과 기회를 넓히고, 더 풍요로운 삶을 가능하게 만든다.

연구 결과에 따르면, 책을 읽는 사람들은 더 행복한 삶을 산다고 한다. 독서는 단순한 즐거움을 넘어 내면의 평화와 위안을 주는 활동이기 때문이다. 우리와 비슷한 고민을 가진 저자를 만나고, 그들의 해결 과정을 보며 위안을 얻을 수 있다. 또한 새로운 세상을 알게 되고, 다양한 경험과 감정을 간접적으로 체험하며 삶에 대한 애정과 감사함을 느끼게 된다.

무언가를 꾸준히 한다는 것은 그 자체로 큰 힘이 된다. 하루하루 쌓아가는 작은 실천은 결국 우리의 사고방식과 삶의 태도까지 바꾸어 놓는다. 특히 스스로를 돌아보고 깊이 있게 생각할 수 있는 시간을 갖는 일은 내면을 단단하게 만들어준다. 그런 시간들은 삶을 더 의미있게 만들어주는 소중한 자산이 된다. 독서의 중요성과 가치를 이해하는 것이야말로 독서의 첫걸음이다. 이 첫걸음을 시작한 여러분이 책을 통해 더욱 풍요로운 삶을 누리기를 기대해 본다.

> "어떤 책이든 그 책을 통해
> 나 자신이 조금이라도 변화했다면 그것이 좋은 책이다."
> — 알베르트 슈바이처 —

05
언제나 유용한 힘, 독서
- 김은미

    얼마 전 뵌 학부모님들께서 학생들이 매일 책을 읽었으면 좋겠는데 도통 집에 있는 책은 읽지 않는다고 걱정하셨다. 그래서 선생님께서 아이들에게 책을 좀 읽으라고 해 주셨으면 좋겠다는 부탁을 받았다. 수업이 끝난 후 아이들에게 센터의 책을 빌려줄 테니 원하는 책을 골라보라고 하자 저마다 아우성을 친다.

    "선생님, 책을 꼭 읽어야 해요? 너무 재미없어요. 저는 안 읽을래요."

    "저는 종이책이나 글자로 보는 것보다 영상으로 보는 게 훨씬 더 기억이 잘되요."

"어차피 종이책은 곧 없어진대요. 내년부터는 교과서도 태블릿으로 바뀐대요!"

"우리 언니는 지금도 학교에서는 거의 다 태블릿으로 수업하고 교과서는 펴지도 않는대요."

아이들의 아우성이 끝나길 기다렸다가 질문했다.

"맞아. 이제 사회가 많이 바뀌었지. 그런데 왜 어른들은 계속 책을 읽으라고 할까?"

"…."

아이들이 모두 꿀 먹은 벙어리가 되었다. 한 친구가 대답했다.

"엄마가 책 많이 읽으면 똑똑해진대요."

"오, 그렇구나. 그렇다면 똑똑해진다는 건 어떤 걸까?"

아이들은 또다시 "공부를 잘하는 거요", "발표를 잘하는 거요", "친구랑 말싸움할 때 이기는 거요" 등을 앞다투어 얘기했다. 아이들도 알고 있다. 책을 많이 읽으면 똑똑해지고, 자신이 원하는 모습에 다가서는 데 힘이 된다는 것을 말이다.

그런데 왜 아이들은 책을 안 읽으려고 할까? 답은 아주

간단하다. 바로 재미가 없어서이다. 독서가 힘이 되는 것은 알고 있지만 유튜브보다 어렵고, 쇼츠보다 지루하다. 요즈음엔 아이들뿐만 아니라 성인들도 온종일 스마트폰을 붙잡고 산다. 무엇을 하든지 스마트폰이 항상 옆에서 대기 중이다. 잠들기 직전까지 보다가 눈 뜨자마자 확인한다. 그래서 책이 재미있다는 경험을 해보지 못하는 경우도 많다.

이제는 책이 재미있다는 말보다 책의 유용성과 힘에 대해 알려주어야 한다. 아이들에게는 사탕과 초콜릿, 음료수, 빵, 과자가 너무나 맛있겠지만 그것은 주식이 아니고 간식이므로 아무리 아이들이 좋아해도 그것만 먹게 내버려두는 부모는 없다. 어떻게든 밥과 반찬으로 영양소를 고르게 섭취하게 할 것이다. 그래야만 아이가 잘 성장하고 건강을 유지하기 때문이다. 독서 역시 마찬가지다. 독서를 당장의 흥미를 주는 간식 같은 재미가 아니라 밥과 같이 우리의 정신적 성숙을 위한 요소로서 밥과 같이 진득하고 친숙한 재미를 느낄 때까지 끌어주어야 한다.

얼마 전 만난 학부모님은 자녀가 초등 4학년임에도 또래에 비해 문해력과 이해력이 현저히 낮아 고민하고 계셨다. 우선 학교 수업을 너무 어려워하여 수업에 집중하지 못하는 부분을 해결하는 것이 급선무였다. 아이에게 매일 교과서의 소단원을 소리 내어 읽으라는 추가 과제를 내주었다. 며칠 후 아이와 만나서 그간의 경과를 물으며 과제가 어떤지 물었다.

"어휴, 재미없어요. 어른들이 책은 다 재밌다고 했는데 저는 별로 재미없어요."

"음, 어른들이 생각하는 재미와 네가 생각하는 재미가 다를 수 있지. 그럼, 너는 무엇을 할 때 재미있니?"

"당연히 게임이죠. 그리고 쇼츠도 재밌어요."

"그렇구나. 그럼, 너에게는 책이 재미없을 수도 있지."

아이는 눈이 동그래지며 대답했다.

"어, 진짜요? 책이 재미없기도 해요? 책은 원래 다 재미있어야 하는 거 아니에요?"

"아니야, 책이 쇼츠보다 재미없을 수도 있지. 당연한 거야. 읽는 데 시간을 들여야 하고, 어려운 말도 가끔 나오니까 재미없게 느껴질 수 있어."

"어, 그럼 전 어떻게 해요?"

"그럴 때는 기술을 배운다고 생각하고 연습해 보는 거야. 책을 읽는 것, 공부를 하는 것도 여러 가지 기술 중의 하나이기 때문에 재미가 생기려면 훈련이 필요하거든."

 그제야 깨달았다는 듯 고개를 끄덕인 아이는 그 후 가끔씩 불평하면서도 꾸준히 교과서 읽기 과제를 했다. 종종 방학 때에는 더 시간을 늘려서 새 학기 교과서를 미리 읽어보기도 했다.
 처음에는 띄어쓰기조차 구분하지 못하여 모든 단어를 이어서 읽던 아이는, 꾸준한 훈련 덕분에 지금은 학교 수업을 따라갈 수 있을 정도로 문해력이 상승했다. 자신의 변화를 체감한 아이는 어느새 읽기를 매우 좋아하는 아이가 되었다. 수업 중에 글을 읽을 일이 있으면 자신 있게 손들고 읽는다고 자랑한다. 이처럼 꾸준한 독서는 자신의 부족한 부분을 보완해 주고 한 단계 성장하도록 돕는 유용한 디딤돌이다.

 이렇게 독서가 삶의 중요한 요소로 작용하면서 우리는 쉽게 책을 접할 수 있게 되었다. 인터넷의 발달은 굳이 서점에 가지 않아도 집 안에서 책을 고르고 버튼 몇 번 클릭하면, 다음 날 집 앞에 책이 도착하는 편리한 시스템을 만들었다. 또 동네마다 이런 시스템에 굴하지 않고 꿋꿋하게 유지하고 있는 서점도 있고, 공공도서관과 작은 도서관, 공동주택단지 도서관 등을 통해 책을 대여할 수도 있다.

그러나 독서하는 인구는 점점 줄어들고 있다. 특히 청소년의 경우 교과서를 제외하고는 자발적 독서를 하는 경우가 많지 않다. 부모님의 권유, 강압, 사교육의 힘을 빌려 근근이 독서를 유지할 뿐이다. 또한 학교 수업에서 1년간 교과서 한번 펴보지 않고 영상과 패드를 활용하여 수업하는 경우도 있다. 점차 디지털 교과서가 도입되면서 책을 활용한 독서와의 접점은 더욱 멀어지고 있는 현실이다.

과거에는 암기력이 좋을수록, 개념 이해를 잘하고 배운 것을 잘 기억하여 활용할수록, 쌓인 지식이 많을수록 인재로 대우받을 수 있었다. 그러나 현대에는 미디어의 소비자였던 대중이 소비자이자 생산자로 변모하면서 학교 교육과정 안에 미디어 생산과 관련된 활동들이 필수가 되었다.

그래서 스스로 학습할 수 있는 자기 주도력과 기존의 지식을 연결하고 융합하여 새로운 지식을 창출해 낼 수 있는 능력이 있는 사람을 인재로 대우해 준다. 더불어 AI를 잘 활용하고 심층적으로 이해하고 탐구하며 비판적으로 사고하는 능력을 필요로 한다.

AI 시대에 독서는 취미를 넘어 생존능력이 되었다. 빠르게 변화하는 사회에 적응하고 변화를 이끌어 내는 주역이 되기 위해서는, 독서를 통하여 우리의 사고를 확장하고 깊이 사유하는 힘이 필요하다. 정보를 제대로 읽어내고 활용하는 힘을 가진 사람들이 자신을 변화시키는 것뿐만 아니라, 자신이 사는 세계를 변화시키고 확장해 나가기 때문이다. 세계로 연결하는 네트워킹의 힘을 원한다면 이제 독서력은 꼭 갖추어야 할 능력이다.

　글쓰기 역시 마찬가지이다. 오픈 생성형 AI인 챗GPT는, 이미 완성된 글을 분석하고 그 안에서 논리성과 규칙성을 찾아내어 어떠한 명령을 내려도 한 편의 글을 순식간에 완성해 내는 수준에 이르렀다. 요즈음 AI는 블로그 글쓰기, 동화, 소설, 시 창작하기 등의 문학적 영역은 물론 보고서, 리포트, 논문 등의 영역을 넘나들며 활용되고 있다.
　텔레비전 예능 프로그램에서 챗GPT를 활용하여 보고서를 작성하고 발표하는 모습이 나오기도 한다. 또한 수험생들이 대입을 앞두고 진학할 학교를 선정하는 데도 큰 역할을 하는 등 우리 삶의 대부분에 디지털 혁명을 일으켰다.

이러한 현실에서 비판적 사고 능력을 기르지 않는다면, 우리는 AI에게 과도하게 의존하게 되면서 스스로 생각하는 능력을 잃어버릴 수도 있다. AI는 수많은 자료를 읽고 분석하여 보편적인 결과를 도출해 낸다. AI가 결과물을 내놓는 데 참고한 자료의 옳고 그름은 판단하지 않은 채 말이다.

그렇다면 이것은 누가 판단해야 할까? AI가 내놓은 결과물을 어디까지 신뢰해야 할까? 이것은 모두 활용자의 몫이다. AI로 도출된 것을 그대로 믿고 활용한다면 이후로 그것은 활용자의 의견이 된다. 사용자가 AI가 내놓은 결과물을 그대로 복사하여 붙여 넣거나, 사실 확인 없이 약간의 편집만을 거쳐 사용하는 것이야말로 스스로 AI의 노예로 전락하는 지름길이다. 그러므로 지금부터라도 사용자인 우리 스스로가 주체성을 가지고 AI가 생성해낸 결과물에 대해 검증하고 판단해야 한다.

읽고 생각하고 쓰고 말하는 능력은 인간만의 고유한 능력이었다. 이러한 능력 덕분에 인류는 문명의 꽃을 피울 수 있었다. 인류 역사의 발전과 더불어 문학, 과학과 수학, 의학, 천문학, 철학 등의 학문과 건축과 예술이 발달할 수 있었던 것도 인간의 이러한 능력 덕분이다. 그러나 이러한 것들은 더 이상 인간만의 능력이 아니게 되었다.

인터넷과 AI의 과도한 의존에서 벗어나 주체적이고 능동적인 인간으로 성장하는 데 독서는 좋은 멘토가 되어준다. 스스로 독서력을 향상해 다양한 방면으로 활용한다면, 인생의 여러 고비에서 훌륭한 버팀목으로서 기능할 것이다.

"인간은 자신의 한계를 넘어서기 위한 존재입니다."

− 프리드리히 니체 −

06
나이 드는 길목에서 독서의 불빛을 켜다

— 한인신

1. 기억력을 자극하는 방법

　나이가 들고 아이가 생기고 신경 쓸 일이 많아지면서 뭔가를 깜박깜박하는 일이 자주 일어난다. 냉장고 앞에서, 책상 앞에서 뭘 하려 했는지 기억이 안 나 얼음땡이 되고, 집 안에서 휴대전화를 찾아 헤매고, 뭔가를 말하려는데 단어가 입에서 맴돌기만 하고 바로 생각나지 않는 경우가 많아진다. 약속이나 할 일을 잊어버려 낭패감을 느끼기도 하고, 고유명사가 기억에서 사라지면서 '그것, 거시기'라는 대명사로만 대화가 이어진다. '나이를 먹으면 머리도 굳는 건가?'라는 생각이 들어 마음이 심란해지곤 한다.

한 주간지에 보도된 글을 읽었다. 중년이라고 머리가 나빠지는 게 아니고, 오히려 어휘력과 추리력은 50대가 절정이라는 내용이었다. 이 연구는 「시애틀 종단연구에서 연령별 인지능력 결과」라는 제목의 연구보고서에 50여 년에 걸친 종단연구 결과를 담고 있다. 계산능력과 반응속도에서만 20대가 중년보다 능력이 뛰어나고 어휘력, 공간 정향력, 단어 기억력, 귀납 추리력은 50대까지 완만하게 증가한다는 내용이었다.

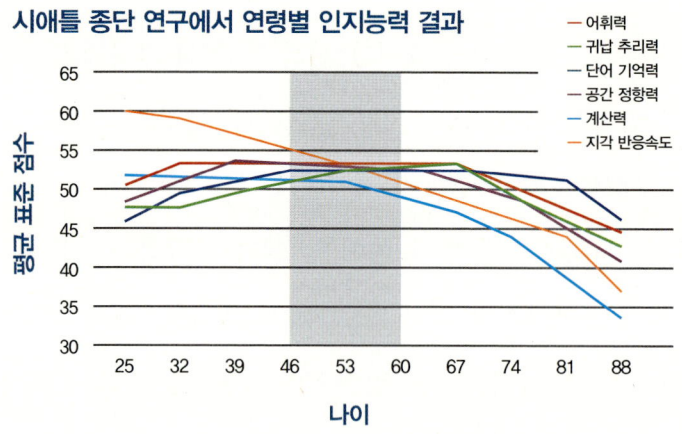

"중년이라고 머리 안 나빠진다⋯. 50대 어휘력, 추리력 절정"
한겨레 21, 2023.04.10. 재인용

뇌는 사용하면 할수록 좋아진다는 뇌 가소성을 보여주는 연구다. 어휘력이나 추리력, 기억력을 더 많이 사용할 수 있게 하는 방법은 무엇일까? 핸드폰? 컴퓨터? 요즘 인공지능의 발달로 인터넷이 연결되기만 하면 알고 싶은 것을 자유롭게, 방대한 양을 얻을 수 있으니 어쩌면 이 대답이 맞을 수도 있겠다. 『도둑맞은 집중력』에서는 인간이 정보량의 증가에 따라 똑똑해지는 것처럼 느끼지만 실제로 잃어가는 게 있음을 이렇게 설명한다.

"우리가 모든 차원에서 깊이를 희생하고 있다는 겁니다. (…) 깊이는 시간을 요구합니다. 깊이는 사색을 요구해요. 모든 것을 다 따라잡아야 하고 늘 이메일을 보내야 한다면 깊이를 가질 시간이 없어져요. (…) 오랜 기간이 필요하죠. 거기에 전념해야 해요. 주의력도 필요하고요. 깊이를 요구하는 모든 것이 악화하고 있어요."

정보들을 쫓아가면서 뭔가 열심히 하는 것 같고, 뭔가 많은 것을 알아가는 것 같지만 정작 주의를 기울여야 얻을 수 있는 깊이는 잃어가고 있다는 말이다. 집중력이나 주의력을 잃지 않으면서도 지식을 얻고 사색할 수 있게 하는 방법, 오랜 역사 속에서 여전히 유효한 방법은 바로 독서라

할 수 있다.

독서 중에 문장이 이해가 안 되면 다시 돌아가서 읽고, 전체 의미를 파악하기 위해 집중해야 한다. 앞부분 내용을 기억하고 있어야 뒷부분이 자연스럽게 이해된다. 이 과정에 집중과 기억, 이해의 과정이 어우러져 있다. 시간을 들여 이해한 내용은 깊이가 생긴다. 독서야말로 깊이를 만들어 주는 중요한 보고가 아닐까.

대표적인 부호이면서 투자가인 워런 버핏도 이렇게 말한다.
"당신의 인생을 가장 짧은 시간에 가장 위대하게 바꿔 줄 방법이 무엇인가? 인류가 현재까지 발견한 방법 가운데에서만 찾는다면 당신은 결코 독서보다 더 좋은 방법을 찾을 수 없을 것이다."

그리고 인지신경과학을 연구하는 『책 읽는 뇌』의 저자 매리언 울프도 말한다.
"독서는 인류 역사상 최고의 발명품이며 역사 기록은 그 발명의 결과 중 하나라고 할 수 있다."

그러니 깜박거리는 기억력에 씁쓸해하기보다 먼저 손에 책을 들자. 핸드폰은 잠시 내려두고, 인공지능 알고리즘을 따라가는 눈을 책의 글자들로 돌려보면 어떨까?

2. 자신을 버티고 지지해 주는 힘

아이들이 어렸을 때는 직장에 다니면서 애들을 키워가는 게 힘겹게 느껴지곤 했다. 몸이 피곤해서 애들에게 짜증 내는 날이면, 엄마면서 순간을 참지 못했던 자신에 대한 죄책감까지 붙들고 잠을 이루지 못했다. 교사로서 직장에서도 집중이 되지 않을 때, 엄마로서 집에서 살가운 모습을 보이기 힘겨울 때, 시부모님과 함께 사는 며느리로서 집안일을 야무지게 해내지 못할 때 나는 도대체 어떤 사람인가, 뭐 하나 내세울 게 없는 사람 같아 한없이 작아지곤 했다.

이런 나를 붙들어 주었던 것이 책이다. 애들을 어떻게든 일찍 재우고 밤에 수업 준비가 끝나는 대로 짬을 내어 책을 읽고 잤다. 잠을 적게 자더라도 뭐든 나를 위한 시간을 만들지 않으면 버티기 어려울 것 같아, 밤늦은 시간에 혼자 할 수 있는 걸 찾은 게 독서였다. 식구들이 모두 잠든 시간에 나만의 시간을 갖는 것도 좋았지만, 책 속의 구절에서 나를 버티게 하는 말들을 발견할 수 있어서 좋았다.

"왜 선생의 말을 곧이곧대로 들어야 합니까? 도대체 선생이 뭔데요? 스스로 생각하여 알아내라, 그렇게 가르치는 것이야말로 참된 교육의 핵심입니다."

촘스키의 『세상의 물음에 답하다』라는 책에 나온 이 구절을 계기로 학생 스스로 생각하는 수업 방법을 찾으려고 노력했다. 또한 아이들을 탓하거나 야단치는 게 아니라 아이들의 말을 듣고 생각하는 마음의 여유를 갖게 했다.

"세상에 좋은 결정인지 아닌지, 미리 아는 사람은 아무도 없어. 우리가 할 수 있는 건 다만, 어떤 결정을 했으면 그게 좋은 결정이었다고 생각할 수 있게 노력하는 일뿐이야." (공지영, 『괜찮다, 다 괜찮다』 중에서)

이 구절을 읽으면서 터지기 일보 직전 빵빵하게 부푼 풍선에서 바람이 살짝 빠져나가는 것처럼 내 마음속 답답함이 변해가는 것을 느낀 그때를 기억한다. 조금 못해도 괜찮다는 마음에 안도할 수 있었다.

"허겁지겁 허전한 듯해서 사랑을 만나게 되는 것은 아니다. 결을 맞추는 시간이 필요하다. 게다가 가서 '얻어오는 마음'이 필요하다. 다른 마음을 '얻어오는' 것이 필요하다."
(문태준의 시집 『가재미』 뒤표지 글)

문태준 작가의 말로 나 자신에게 '시간'을 내주는 여유를 찾았다. 부모와 자식, 부부간의 사랑에도 결을 맞추는 시간이 필요하고, 다가가서 '얻어오는 마음'이 필요하다는 걸 알게 되었다. 한쪽이 일방적으로 맞춰가는 것이 아니라 서로에게 결을 맞춰가고 마음을 얻어오기 위해서는 시간이 필요하다고. 그들의 글은 훌륭한 부모는 아니더라도 괜찮다, 시간이 걸리는 일이라며 나를 다독여주었다.

"그가 읽은 책과 그가 쓴 글이 곧 그 사람이다."라고 도스토옙스키는 말했다.

그 시절 내가 읽었던 책을 보면 교사로서, 부모로서 고민하던 내가 보인다. 자존감이 무너져 위태로웠던 시기에 책은 나를 버티고 서 있을 수 있도록 해 준 버팀목이자 방향타였다.

애들이 어릴 때만 이런 고민을 하는 게 아니다. 나이를 먹어가는 길목마다 고민해야 하는 일들은 생기고, 선택할 일들이 이어진다. 자신이 현명한 선택을 하고 있는지, 자신이 가는 길이 옳은지 고민되는 순간이 있다. 가는 길목에서 돌부리에 걸려 넘어지는 순간도 있다. 그 순간에 분명 책은 가야 할 길을 보여주거나, 넘어지지 않고 버티게 해 주거나,

넘어지더라도 다시 일어설 힘을 줄 것이다.

3. 행복을 위한 시간 여행

"아버지는 행복을 위한 자신만의 공식을 말씀해 주셨다. 두 가지 단계 중 첫 번째는 일단 평범한 삶을 사는 거다. 그리고 두 번째, 거의 똑같이 하루를 다시 살라고 말씀하셨다. 그리고 처음에는 긴장과 걱정 때문에 볼 수 없었던 세상의 아름다움을 깊게 느끼면서 하루를 다시 살라고 말씀하셨다."

영화 〈어바웃 타임About Time〉에 나오는 대사다. 이 영화는 시간 여행을 할 수 있는 주인공의 이야기로 평범한 하루하루가 세상의 아름다움을 간직한 순간이고, 특별하고 멋진 시간이라고 말한다. 평범한 시간에서 아름다운 순간을 발견할 수 있을 때 세상의 아름다움을 느낄 수 있다는 말이다. 똑같은 순간이 '낯설어진' 순간, 가만히 들여다보면 그 속에 담긴 아름다움을 발견할 수 있다.

안타깝게도 우리에게는 시간을 두 번 살 수 있는 능력이 없다. 그러나 익숙한 일상을 '낯설게' 볼 수는 있다. 김지우의 『우리의 활보는 사치가 아니야』를 읽다 보면 우리가 지하철을 타고 이동하고, 식당에 들어가 밥을 먹는 것이 자연스러운 일이 아니라 감사하게 여길 일임을 느낀다. 우리가 전혀 불편을 느끼지 않는 계단과 문턱이 장애를 가진 이에게는 큰 벽임을 알게 되기 때문이다. 책은 이렇게 자신의 익숙한 생활을 낯설게 볼 수 있게 하면서 타인의 삶으로도 눈을 돌리게 해 준다.

김훈의 『자전거 여행』을 읽다 보면 봄에 피는 산수유와 목련을 새삼스러운 눈으로 보고 감동할 수 있게 된다.

"산수유는 존재로서의 중량감이 전혀 없다. 꽃송이는 보이지 않고, 꽃의 어렴풋한 기운만 파스텔처럼 산야에 번져 있다. (…) 그 꽃이 스러지는 모습은 나무가 지우개로 저 자신을 지우는 것과 같다. 그래서 산수유는 꽃이 아니라 나무가 꾸는 꿈처럼 보인다."

"목련은 등불 켜듯이 피어난다."

그의 책을 읽고 나면 산수유는 나무가 꾸는 꿈으로 보이고, 목련의 흰 빛이 등불처럼 보여 감동하게 된다. 쉽게 지나치는 일상에서 잠시 멈춰 순간에 집중하고 다른 시선으로 들여다볼 수 있을 때 세상의 아름다움을 살필 수 있다. 그런 순간이 이어지는 시간들이 모여 풍요로운 삶을 만들어 주는 것이 아닐까.

책은 삶을 풍요롭게 만드는 저자들의 기준을 여러 장르와 시각으로 보여준다. 우리는 책을 펼치는 순간부터 글자를 쫓고, 머릿속으로 의미를 곱씹으면서 자연스럽게 자기 주변의 풍경과 사람들을 떠올리며 저자의 시선을 자신의 시각으로 바꾸어간다. 그 시간을 건너는 동안 감동하고, 감동하는 순간이 자신의 일상으로 넘어갈 수 있게 된다.

그러니 책을 읽으며 생각하는 시간이야말로 저자가 보여주는 삶을 내 것으로 만드는 기회가 될 것이다. 삶을 두 번 살 수는 없지만, 저자들이 보여주는 다양한 삶의 순간을 읽을 수는 있다. 책 읽는 시간은 책 속의 순간이 자기 삶의 순간으로 이어져 일상에 감동하고 행복을 느끼게 되는 시간 여행이 될 것이다.

> "책을 천 권 읽은 사람은
> 적어도 천 번의 인생을 살게 되는 것이다."
> − 김무곤, 『종이책 읽기를 권함』 중에서 −

A PERSON WHO READ A THOUSAND BOOKS HAS LEAST A THOUSAND LIVES.

Part 2

독서, **어떤** 전략으로 읽을까?

01
기적문 독서법

- 송숙영

독서란 무엇일까? 단순히 글자를 읽는 행위일까?

아니다. 독서의 진정한 의미를 알기 위해서는 한자의 어원을 살펴볼 필요가 있다. 독서의 '독讀'은 본래 고대 중국에서 '읽다'라는 의미로 사용되었는데, 이 글자는 '言'(말씀 언)과 '賣'(팔 매)가 결합한 글자이다. '서書'는 '책' 또는 '글'을 의미하는데, 이 글자는 '聿'(붓 율)과 '曰'(말씀 왈)이 결합한 글자이다. 즉, '독서讀書'란 단순히 책을 읽는 행위를 뛰어넘어 학습과 지식 습득, 사고의 발전과 도덕적 성장을 포함한 복합적인 행위를 의미한다.

그렇다면 단순히 책 속의 글자를 읽는 것을 넘어 적극적인 사고의 과정을 일으키는 독서법은 무엇일까? 그 해답은 기록하고, 적용하고, 질문하는 '기적문 독서법'에서 찾을 수 있다.

기적문 독서법이란 책과는 거리가 먼 삶을 살아오다 적극적인 독서를 실천하면서 터득하게 된 나만의 독서전략이다.

나만의 독서전략인 기적문 독서법을 통해 책과 가까워지는 삶은 물론, 책을 통해 변화된 삶의 기쁨을 누리며 살아가고 있다. 만약 당신이 책을 통해 삶의 변화를 경험하고 싶다면 다음과 같은 방법을 실천해 볼 것을 권한다.

책을 읽겠다고 결심한 다음 바로 책을 펼치지 말아라. 무작정 눈으로 읽겠다고 다짐하고 책을 펼쳐봐야 졸음만 쏟아진다. 졸지 않기 위해 기록해야지 하고 펜과 노트를 준비하지 말아라. 당신이 먼저 준비해야 할 것은 당신의 마음과 환경이다.

진정한 독서를 하겠다고 결심했다면 독서할 수 있는 환경을 먼저 준비해야 한다. 먼저 마음을 평온하게 하는 시간과 장소를 찾아야 한다. 그리고 주변에 당신을 유혹에 빠뜨릴 것들(예를 들어 핸드폰, TV, 지저분한 책상 등)을 제거한다. 이렇게 물리적 환경이 준비되었다면 당신이 읽고 싶은 책 중에서도 가장 짧게 한 챕터씩 끊어 읽을 수 있는 책을 골라 의자에 앉는다. 그리고 책을 펼치기 전 책 읽는 시간은 나를 위해 투자하는 소중한 시간이라고 생각하고 마음의 준비를 마친다.

환경 준비를 마쳤다면, 본격적으로 '눈으로 읽기'를 시작해야 한다. 독서는 단순히 눈으로 시각 정보를 인지 처리하는 것이 아닌 이해가 동반되는 활동이다. 여기서 주의할 점이 있다. 책 읽을 때 모든 것을 정독하겠다는 욕심은 버려야 한다.

우리의 뇌는 인공지능 컴퓨터가 아니다. 독서의 참된 의미는 책을 통해 나를 성장시키고자 하는 것이지, 하나하나 세세히 다 기억하는 것이 아니다. 생각해 보라. 『수학의 정석』을 사서 맨 앞 단원인 집합 부분만 새까맣게 풀고, 뒷부분은 손도 안 댄 상태로 버린 경험은 없었는가? 책을 처음부터 끝까지 읽고 소화해 버리겠다는 과한 욕심은 오히려 소화불량을 일으킬 수 있다. 집중하며 독서하되, 강박에서는 벗어나 다음의 독서법을 실천하며 책 읽기를 시작해 보자.

기적문을 여는 첫 번째 독서법 : 기록하라

우선 책의 한 챕터를 가벼운 마음으로 읽어라. 읽는 과정에서 공감이 가거나 인상 깊은 구절에 인덱스 스티커를 붙이면서 한 챕터를 다 읽는다. 한 문장을 찾기만 해도 성공한 것이다. 한 권의 책에서 한 문장을 찾았다고 가정해 보자. 여러 권을 읽는다면 멋진 모자이크 작품을 완성하듯 작은 조각들이 모여 아름답게 당신의 삶을 성장시키게 될 것이다.

그리고 읽기를 다 마친 챕터에서 이전에 인덱스를 붙인 페이지로 다시 돌아가 내 마음에 와닿은 한 단어, 한 문장을 찾아 다음의 질문을 하라.

- 책 제목이 주는 메시지는 무엇인가?
- 이 책을 읽었을 때 나는 무엇을 얻을 수 있을 것인가?
- 읽고 있는 챕터와 전체 내용은 어떻게 연결되어 있는 것인가?
- 저자가 독자에게 전하고 싶은 메시지는 무엇이었을까?

위 질문을 하며 책의 한 챕터를 다시 가볍게 훑어 읽었다면, 이제 기록할 준비를 한다. 적극적으로 손으로 글씨를 쓰고, 그 의미를 이해하는 기록의 과정이 필요하다. 이때 반드시 명심해야 할 점들이 있다.

첫째, 좋은 문장이나 단어를 모두 기록하려고 하지 말아라.

먼저 눈으로 한 챕터를 읽었다면, 기록하기 전 훑어보듯 다시 읽어보며 마음에 와닿은 한 문장을 찾는다. 그런데 이때 좋은 문장을 다 쓰겠다고 욕심부리지 말아야 한다. 모든 문장이 좋다고 생각하여 과한 욕심으로 쓰기 시작하면 필사의 지속성이 약화된다. 필사하는 목적은 행위의 반복이 아니라 인생의 재미를 오랫동안 반복하기 위한 것이다. 당신의 가슴을 울린 한 단어, 한 문장만으로도 기록은 충분하다.

둘째, 예쁘게 쓰겠다고 마음먹지 말아라.

알아볼 수 있을 정도로 기록하면 되는 것이지 한석봉처럼 명필이 되기 위해 기록하는 게 아니다. 당신이 다시 보고 싶었던 문장에서 받은 감동이 사라지기 전에 가볍게 기록하라. 기록하며 기억하고 생각하기 위해 필사하는 것이지 다른 이에게 보여주기 위한 용도로 필사 하는 것이 아니다. 예쁘게 쓰겠다는 강박에 빠지면 책에서 얻은 감동이 주가 되는 것이 아니라 예쁜 글씨가 주가 되어 독서의 목적이 전도될 수 있다.

기적문을 여는 두 번째 독서법 : 적용하라

한 챕터를 읽고 감명 깊게 읽은 문장 하나를 기록했다면 당신의 머릿속에는 아주 많은 생각이 가득 찰 것이다. 이제는 그 생각들을 '나'에게 초점을 두어 질문하고 적용해 볼 차례다.

적용의 과정은 책의 이야기를 펜과 노트로 표현하며 대화하는 과정이다. 사랑하는 사람을 만났을 때의 설렘을 기억하는가? 그 사람의 눈빛, 표정, 근육의 떨림 모두가 다 사랑스럽고 신기하기만 하다. 사랑하는 사람의 입에서 나오는 이야기를 잘 귀담아들었다가 호응해 주려고 노력하는 것처럼 적용의 과정도 책을 사랑하는 독자로서 저자에게 호응하기 위해 노력해야 한다.

만약 적용의 과정이 힘들게 느껴진다면 이렇게 스스로 질문해 보면 된다.

- 저자가 쓴 이 문장을 나의 언어로 표현한다면 어떻게 표현할 수 있을까?
- 책의 메시지는 나의 삶에 어떻게 적용할 수 있을까?
- 내 삶에 적용하기 위한 구체적인 실천 방법 한 가지는 무엇일까?
- 그 실천 방법을 실현한다면 나의 모습은 어떻게 변화될 수 있을까?

앞서 기록한 문장 밑에 위와 같은 질문에 대해 대답하며 책과 소통하는 과정을 완성 시켜야 한다. 질문에 대한 생각을 문장으로 기록할 때는 이전에 사용한 것과는 다른 색깔의 펜으로 간단히 기록하라. 그리고 기록한 노트를 시간이 날 때 가끔 다시 펼쳐 보아라. 이전에 썼던 기록 아래에 다시 읽고 생각난 부분을 추가로 기록하라. 인생의 교훈을 주는 문구들은 한 번 보았을 때와 다시 보았을 때 그 느낌과 울림의 차원이 다르다. 읽고 쓰면서 되새김질하는 사고 과정을 고스란히 기록에 남긴다면 그 문장은 내 삶의 일부가 될 수 있다.

적용은 저자와 나의 대화를 정리하는 과정이다. 그래서 적용의 기쁨은 소통에서 완성된다. 사랑은 소통하고 싶은 마음이다. 적용을 통해 작가의 마음을 사유하고, 그 사유를 통해 더 큰 기쁨을 만들어라. 책을 읽고 기록하고 싶은 문장을 찾고 적용을 통해 작가의 마음을 사유하며 책과 불같은 사랑을 꽃피워라. 사랑에 한 번도 후회한 적 없던 것처럼.

기적문을 여는 세 번째 독서법 : 질문하라

독서의 과정에서 질문은 매우 중요하다. 인공지능이 기하

급수적으로 발전하고 있는 지금, 질문하는 능력은 인공지능을 자유자재로 활용할 수 있는지 좌우하는 것은 물론 인간의 생존까지 결정할 수 있는 중요한 역량이 되고 있다.

맘스퀘스천 심재우 대표는 "멍청한 질문은 없지만, 질문의 수준은 있다."라고 말했다. 저급한 질문은 모르는 것만 묻는 원시적 질문이고, 고급 질문은 통찰을 얻고 새로운 세상으로 인도한다는 것이다. 실제로 질문의 수준에 따라 인공지능의 성능을 30%에서 120%까지 사용하는 차이를 발생시킨다.

그렇다면 우리는 질문을 통해 무엇을 얻어야 할까? 질문을 통해 책을 색다르게 읽으며 저자의 소유가 아닌 완전한 나의 소유로 만들어야 한다. 색다르게 읽는 과정은 궁극적으로 뇌를 변화시키고 삶을 변화시킨다. 독서란 새로운 삶, 새로운 시각과 사상, 가치관 등을 학습하며 내가 알고 있던 기존의 세계를 무너뜨리고 재건하는 변화의 과정이기 때문이다.

변화하지 않는 삶은 죽은 삶이다. 이는 직업의 변화를 통해 알 수 있다. 정보화시대가 도래하면서 1997년 유망 직업으로 떠올랐던 '인터넷 정보검색사'는 2005년 인터넷 검색 포털사이트의 등장과 함께 역사 속으로 사라졌다. 단순한 사례이지만 여기서 우리는 두 가지 큰 변화를 파악할 수 있다. 사회 변화 속도는 점점 더 빨라지고 있으며, 인간이 변화하고 적응하는 속도에 빠르게 발맞추지 않는다면 생존을 위협받게 된다는 것이다.

우리는 사회의 빠른 변화에 발맞춰 자기 모습을 변화시키기 위해 다양한 정보를 습득하고 그것을 내 것으로 만드는 '질문하는 인간'으로 진화할 수밖에 없다. 그렇다면 질문하는 인간이 되기 위해 독서의 과정에서 질문 전략을 어떻게 활용해야 할까?

주제 및 목적 질문	저자는 이 주제를 통해 독자에게 어떤 메시지를 전달하려고 하는가? 예) 『사피엔스』 (유발 하라리 저) 질문: "하라리가 인류의 역사와 진화를 다루면서 전달하려는 핵심 메시지는 무엇인가?"
문맥 및 배경 질문	저자가 다루고 있는 문제나 이슈는 어떤 배경에서 발생한 것인가? 예) 『1984』 (조지 오웰 저) 질문: "『1984』가 설정된 미래 사회의 배경은 어떤 역사적 상황을 반영하고 있는가?"
비교 및 대조 질문	이 책의 주장이 다른 저자의 주장이나 이론과 어떻게 비교되는가? 다른 시각에서 이 문제를 어떻게 다루고 있는가? 이 책의 아이디어는 유사한 주제를 다룬 다른 책과 어떻게 다른가? 예) 『무엇이 인간을 움직이는가?』(댄 핑크 저) vs. 『하버드 상위 1%의 성공 비법』(에릭 슈밋 저) 질문: "댄 핑크의 동기 부여 이론과 에릭 슈밋의 성공 비법은 어떻게 다르고, 어떤 공통점이 있는가?"
추론 및 암시 질문	저자가 암시하는 더 깊은 의미는 무엇인가? 이 문장이 갖는 숨겨진 의미나 상징은 무엇인가? 예) 『동물농장』(조지 오웰 저) 질문: "『동물농장』에서 동물들이 권력을 잡는 과정이 현대 정치 상황에 대해 어떤 암시를 제공하는가?"

위와 같은 구체적인 질문 전략을 활용해 보자. 위의 모든 질문을 책 한 권에만 활용할 필요는 없다. 단 한 가지의 질문이라도 꼬리에 꼬리를 무는 깊이 있는 생각의 과정을 거친다면 당신도 모르고 있던 자아 속 미지의 세계를 개척한 위대한 탐험가가 될 것이다. 질문 자체를 과하게 욕심낼 필요는 없지만 한 가지만은 단언할 수 있다. 질문을 통해 얻은 기쁨은 당신에게 질문을 반복하게 할 유인을 스스로 만들어 주게 될 것이다.

위의 질문 전략을 통해 인공지능 시대의 기계에 의존하여 중독된 인간인 호모 아딕투스가 아닌 진정한 의미의 슬기로운 인간인 호모 사피엔스가 되기를 응원한다.

> "학문이라는 단어는
> 배우는 것(學)과 묻는 것(問)을 가리키는 말이다.
> 우리는 열심히 배워야 할 뿐 아니라 열심히 묻기도 해야 한다."
> − 마오쩌둥 −

02
나만의 시공간을 향기롭게
- 김수연

    10년 동안 1,500권 정도의 책을 읽었다. 나의 핸드폰 알람은 늘 새벽 4시 50분에 맞춰져 있다. 일어나면 자연스럽게 책을 손에 잡는다. 전에는 책을 거의 안 읽었으나 10년이 흐르는 사이 자리 잡은 나의 루틴이다.

    카프카는 일상의 힘에 대해 말했다.

    "우리가 가진 유일한 인생은 일상이다."

    사람은 매일매일 더 나은 내가 되려고 애쓴다. 그런데 방법을 몰라 생각하는 대로 살지 못하고 사는 대로 생각하는 삶을 선택한다. 코로나를 겪으며 우리의 일상은 무너졌다. 21세기 신자유주의 자본주의를 관통하는 시대에 생활은 편리해졌으나 그만큼 정신은 피폐해졌다. 모든 매체와 시선을 통해 가진 것 없는 우리의 알량한 주머니를 탐한다.

 더 내어놓을 것 없는 자들은 정신을 스스로 좀먹어버리는 것으로 대가를 치른다. 나락으로 가는 줄 모르고 걸어간다. 이때 '짠' 하고 나타나 세상의 지배에서 눈을 크게 뜨라고, 정신에 한 차례 또는 서서히 스며드는 존재들이 있다. 바로 성현의 어깨에 올라타 나를 돕도록 이끄는 종이들의 합창이다.

 코로나 시기에는 줌ZOOM으로 새벽 다섯 시에 모여 동료들과 책을 읽었다. 새벽에 깨어나 고요하게 읽는 독서는 덤으로 새벽이라는 시간과 공간을 즐길 수 있는 선물을 주었다. 몰입과 집중을 할 때 사람은 무아지경의 경지에 이른다. 무아지경은 한자 그대로 뜻풀이하자면 '내가 없는 지경으로 정신이 한 곳에 빠져 스스로 잊어버리는 경지'를 의미한다. 무아지경까지는 아니더라도 독서로 시작하는 하루는 자신을 지키는 힘을 가지게 한다.

 한 방울의 물이 바위를 뚫듯 작은 실천이 모여 지금을 견고하게 하고 미래를 밝혀 준다. 지금 가난해도 부끄럽지 않고, 두렵지 않게 앞서간 이들의 발자국을 밟다 보면 풍요가 선물처럼 다가온다. 그렇게 쫓으면 쫓을수록 멀어져만 가던 '부'는 내면과 외면, 즉 정신과 물질의 풍요로움으로 조화롭게 장착되는 순간을 맞이한다. 그 길이 순조롭기만 하다면 지금 서점에 유행처럼 읽히는 쇼펜하우어는 더 이상 등장하지 않았을 것이다.

독서도 자기만의 스타일을 찾아가는 것이 중요하다. 새벽이나 밤에 시간을 정해 책을 읽는다. 출퇴근 시간을 이용하는 사람도 있다. 자신과의 대화에 게으르지 않게 참여하면서 나를 알아가면 내가 좋아하는 것과 장소를 만들어 즐기게 된다.

아는 만큼 보인다는 세상의 이치는 독서에도 예외일 수 없다. 책이 있는 공간에 가면 큰 위로와 위안을 얻는다. 온전히 충족된 에너지에 싸여 평안한 쉼과 안정을 느낀다. 숲을 느끼는 초록을 찾아 북 카페에서 책을 읽으면 정서적인 만족감이 배가 된다.

사람을 좋아해서 독서 모임을 많이 가진다. 주변 지인들은 그 많은 책을 언제 다 읽느냐고 의아해하기도 한다. 물론 시행착오도 겪었다. 지나친 욕심에 한 권도 제대로 읽지 못하는 부작용을 겪기도 했다.

독서 모임에서 다양한 책을 만나 사고의 틀을 확장하고, 휘몰아치는 독서에 시간 제약을 두어 몰입하고 집중할 수 있는 책 읽기를 즐겼다. 삶의 굴곡을 견뎌야 했던 시간을 잊기 위한 한 방편으로 독서를 활용했다. 슬픈 독서였으나 그것이 성장을 안겨주었다. 지금은 책 읽는 속도가 빨라져 여러 독서 모임에 참여해 즐기고 있다.

온라인으로 만나 오프 모임으로, 친자매처럼 8년의 인연을 쌓아온 여섯 자매는 강남 자매님의 작은 도서관에서 모인다. 한 달에 한 번 돌아가며 발제를 맡아 진행하는 동료들과의 독서 토론도 알차다. 동네 'ㅇㅇ나비' 모임은 회원의 갤러리에서 만난다. 책과 미술의 만남이 인연으로 그윽해진다.

책으로 사람을 만날 때 삶에서 향기가 난다. 어떻게 이 순간을 즐기지 않을 수 있겠는가? 무엇이 되려고 애쓰는 순간이 아닌, 그 무엇이 되는 찰나가 꽃을 피우는 건 아닐까? 온전히 만남의 순간에 머물러 서로의 하루를 어루만지고 서로의 성장을 부추기려고 책을 읽는다. 오롯한 나의 성장과 더불어 너의 성장을 응원할 때, 진정한 공동체의 진보를 이끌어 낼 수 있다. 나는 이렇게 책 모임에 참여한다.

사치로 여겨지더라도 나는 나의 시간을 팔지 않는다. 내가 즐길 수 없는 일들에 나를 팔지 않는다. 그래서 싫은 일은 즐기도록 내 정신과 몸을 합체시킨다. 도저히 즐길 수 없다면 과감하게 때려치운다. 나는 이기적으로 나의 시간과 장소를 스스로 선택해 누린다. 자그마한 사치나 호사를 마다하지 않는다. 덤으로 따라오는 증정품은 가난이다. 물질적 가난도 두렵지만, 정신적 가난은 용납할 수 없다. 나의 작은 루틴을 만들어 가는 사이, 가장 많은 시간이 독서에 할당되었다. 나는 지금 무척 즐겁고 행복하다.

책을 쫓기듯 읽다가 이제 정독과 다독 사이를 넘나든다. 어떤 책은 음미하며 읽고 필사를 한다. 빠르게 읽으며 몰입하면 정신이 고양되는 느낌을 받는다. 비교 독서는 하지 않는다. 나의 비교 상대는 오직 어제의 나이고, 10분 전의 나이다. 조금 더 나은 인간이 되는 것에 탄력이 붙는다. 과거의 나와 무수하게 대화를 나누었기 때문이다.

이러한 비법은 모두 책으로부터 배웠다. 오래도록 읽으면서 자신만의 스타일을 찾아가게 된 것이다. 그 묘미는 짜릿하다. 모를 때는 마구 떠들었다. 아는 체를 하고 싶었나 보다. 알면 알수록 아무것도 모른다는 것을 깨닫는다. 책에 미쳐 있는 하루들이 값지다. 푸른 별에 태어나 무엇에도 미치지 못했다면 그것만큼 부끄러운 것도 없으리라. 읽으면 읽을수록 타인의 시선이 내 영역에서 배제된다. 이제 나만 만족시키면 된다. 그것이 나에게 진정한 자유를 선물해 줄 것이다.

나이를 잊고, 세상의 기준을 걸러서 체화하는 시선을 만들어 주는 나만의 독서 스타일을 그려보자. 그러면 채색하는 즐거움이 있다. 남들의 작품을 흉내 내지 않고 독창적인 내 일생의 주인공이 되는 경험은 또 얼마나 멋진가! 누구의 도움 없이 혼자 가능한 일이다.

집을 나설 때 세 권 정도의 책을 가방에 넣는다. 그날 가방에 챙긴 책이 나를 선택한 것이라고 믿는다. 책은 그렇게 그날, 그때 나에게 운명처럼 다가온다. 읽다가 꽂히는 책은 단숨에 읽거나 음미하며, 곱씹어 읽는다. 그런 다음 필사한다.

읽고 난 후 멍하게 또는 아련하게, 아니면 뒤통수를 한 대 후려친 듯 정신이 차려지는 경우가 있다. 그냥 놓아두지 못하고 살포시 안는다. 임을 떠나보내고 싶지 않은 심정으로 감상문을 남긴다. 한 문장으로 책을 설명하는 훈련을 하고 책 속 한 문장을 마음에 새긴다.

그 책은 이제 나의 책이 된다. 서로에게 주는 시선이 감미롭다. 감명받은 책의 작가들은 죽어서 꼭 만나고 싶은 작가로 기록된다. 『설국』의 가와바타 야스나리, 『월든』의 소로, 『카라마조프가의 형제들』의 도스토옙스키, 『그리스인 조르바』의 니코스 카잔차키스, 『이방인』의 카뮈, 『서시』의 윤동주, 『그리고 아무 말도 하지 않았다』의 전혜린이 그들이다.

자유를 찾아 불꽃처럼 살다 간 이들이 책이라는 세상을 통해 우리에게 알려주고 싶은 진실은 무엇이었을까? 오늘도 그 질문에 스스로 답하며 묵묵히 읽는다.

> "같은 책을 읽었다는 것은
> 사람들 사이를 이어주는 끈이다."
> – 에머슨 –

03 실용주의 독서전략

- 김원배

옛날 학문에는 다섯 가지 방법이 있다. 즉 오학五學으로 『중용中庸』에 나오는 말이다.

1. 박학博學, 많이 읽고 널리 배워라.
2. 심문審問, 의심나는 것을 일일이 따져 물어라.
3. 신사愼思, 신중하게 생각하라.
4. 명변明辯, 명백하게 분별하라.
5. 독행篤行, 독실한 마음으로 평생 실천하라.

즉, 독서가 이러한 모든 학문의 기초를 형성하기 때문에 필수적으로 해야 한다는 말이다. 독서와 배움을 통해 지식을 넓히고, 호기심을 불러일으키고, 생각을 날카롭게 하여 궁극적으로 더 사려 깊고 의미 있는 삶을 살 수 있다는 의미다.

"내가 평생 좋아한 것은 독서였다."

중국 공산당 정권을 수립한 모택동(마오쩌둥)의 말이다. 그는 어려서부터 책 읽는 것을 좋아했지만 환경은 그리 좋지 않았다. 농부였던 아버지는 장남인 그에게 읽고 쓰는 것과 주판 외에는 더 이상 공부시키지 않았다. 농사에 필요한 일손이 더 급했기 때문이다. 모택동은 낮에는 아버지와 함께 거름통을 나르는 일을 하면서도 쉬는 시간 틈틈이 책을 읽다가 아버지에게 혼나기도 했다고 한다. 19세에 장사 호남 제일 중학교에 입학하였으나 이듬해 학교를 그만두고 도서관에서 책만 읽었다.

모택동은 배우길 좋아하고 쉬지 않고 책을 읽었다. 어린 시절에는 물론 나이를 먹어서도, 전쟁 중에도 언제나 손에서 책을 놓지 않았다. 전쟁 중에는 사마천의 『사기』를 끼고 다니며 읽고 전략을 구상했고, 연설문을 작성할 때도 책 속의 문장을 인용했다고 한다. 모택동이 즐겨 했던 독서 방법은 "세 번 반복해서 읽고 네 번 익히라."는 삼복사온三復四溫이며, "붓을 움직이지 않는 독서는 독서가 아니다."라는 원칙을 가지고 평생 독서를 했다고 한다.

모택동은 책을 한 번 읽고 끝내는 것이 아니라 세 번 이상 반복적으로 읽음으로써 책 내용을 파악하고, 그 내용들을 연설문 작성 시 효율적으로 인용할 수 있었다고 한다.

누구나 책을 재독, 삼독하는 것이 쉬운 일이 아니다. 나 또한 한 번 읽은 책은 두 번 다시 펼쳐 보지 않는 성향이었다. 최근 들어서 서가에 있는 책들을 재독하고 있는 중이다. 매월 진행되는 '약수 생활안전협의회'에서 인사말이나 '북 콘서트'에서 축사할 때 내가 읽은 책 문장들을 활용하는 경우가 많고, 수업 중에도 적절한 문장들을 활용하여 강의하고 있다.

학부모 진로 특강에서 항상 강조하는 말이 있다. "자녀가 책 읽는 모습을 보고 싶다면 부모가 먼저 읽어야 한다." 부모가 먼저 책을 읽는 모습을 보여줘야 한다는 말이다. 이것이 교육의 시작이다.

부모가 먼저 읽고 자녀를 성공시킨 대표적인 조선시대 인물이 신사임당이다. 율곡 이이의 어머니인 신사임당은 어릴 때부터 시, 서예, 미술에 뛰어난 실력을 보였다. 특히 그림 실력이 상당했다고 전해지고 있으며, 지금도 많은 작품이 남아 있다. 그녀는 어린 시절부터 매일 새벽에 일어나 책을 즐겨 읽었다고 한다. 그녀의 평생 독서 습관이 조선시대 위대한 학자 율곡 이이를 탄생하게 만든 것이다.

신사임당이 주로 했던 독서법은 '메모 독서법'이다. 책을 읽다가 좋은 글귀나 인상 깊은 구절이 나오면 항상 종이에 적고 자신의 생각을 정리했다고 한다. 책 속의 문장들을 붓으로 크게 적어서 집 안 곳곳에 붙여 놓고 자녀들이 볼 수 있게 만들었다. 율곡 이이 또한 어린 시절부터 어머니의 이런 독서 모습을 보면서 자연스럽게 책을 가까이하게 되었을 것이다.

책을 읽고 메모하는 습관은 정보를 처리하고 유지하는 능력을 크게 향상시키는, 가장 좋은 습관 중 하나이다. 나도 북스토로지 노트에 책 속의 핵심 내용과 나의 생각을 정리하면서 메모하고 있다. 이렇게 적어 놓은 독서 기록장은 글을 쓸 때나 연설문이나 강의자료를 만들 때 아주 유용하게 활용하는 도구가 되고 있다.

영국의 수상 윈스턴 처칠은 귀족 집안 출신이지만, 학창 시절에는 성적이 하위권이었고 자주 지각하는 학생이었다고 한다. 그렇지만 매일 책 읽는 것을 즐겨하며 다양한 책으로 습득한 지식으로 제2차 세계 대전에서 총리를 지내면서 조국을 지켜냈다. 처칠은 다독보다는 한 권을 읽어도 제대로 읽는 것이 중요하다고 생각했다. 읽었던 내용들을 완전하게 소화한 후 내 삶에 적용하는 것이 중요하다고 말하고 있다.

처칠은 『로마제국 흥망사』를 자신의 가장 필독서로 삼았고 평생 옆에 두고 읽었다고 전해진다. 자신만의 필독서를 만드는 것이 중요함을 말하고 있다. 또한 외국어로 쓰인 책을 읽는 것을 즐겼다. 새로운 언어를 익히고 그 내용까지도 이해해야 하므로 뇌 자극에 아주 좋다고 말한다. 이 방법은 쉽지 않지만, 외국어를 좀 하는 사람들은 도전해 볼 만한 독서 방법이다.

처칠은 평생 자신이 좋아하는 역사와 영어 분야의 책을 집중적으로 읽었다. 사관학교에 다니면서는 병법과 역사책만 탐독했다. 결국 이것들이 쌓이고 쌓여서 세계 대전에서 영국이 승리할 수 있게 한 원동력이 되었다. 오랜 역사 속에서 어려운 나라를 구하는 방법, 열세인 전투에서 이기는 방법 등이 그의 평소 독서 습관에서 비롯된 것이라고 말할 수 있다.

지금까지 독서광이었던 세 명의 독서 방법을 살펴봤다. 이들은 모두 어려서부터 열정적으로 책을 읽고, 책 속의 문장들을 흡수하여 세상을 살아가는 디딤돌로 삼았다. 읽고,

쓰고, 생각하고, 실천하는 독서 패턴이 문장을 이해하고, 기억력을 향상하고, 비판적 사고 능력을 향상하는 데 도움이 된다는 의미다. 위인들의 평생 독서는 현대인들에게 평생 독서, 평생 학습의 중요성을 다시 한번 일깨우고 있다. 생성형 AI 시대에 나이나 지위에 상관없이 배우고 이해해야 할 것들이 더 많아지고 있다. 평생 동안 독서에 대한 열정과 노력이 세상을 살아가는 방법들을 제시해 주고, 지식을 지속적으로 확장하는 데 도움이 되는 것이다.

독서가 단지 지식을 얻기 위한 것이 아니라 실제 생활에 적용하는 것이 중요함을 위인들의 독서 방법을 통해 알게 됐다. 이제 독서 활동에 적극적으로 참여하고 자신만의 독서 방법을 찾는 것이 무엇보다 중요하다. 혼자 읽기에 힘이 든다면 독서 모임에 참여하는 것도 좋은 방법이다. 책을 읽을 때는 취미로 읽고 끝내는 것이 아니라, 평생을 살아가면서 어떻게 효율적으로 활용할 것인지 생각하면서 읽는 것이 중요하다.

책을 읽으면서 단순한 정보만을 얻는 것이 아니라, 뭔가 목표를 가지고 전략적으로 읽게 되면 우리의 사고, 학습 활동에 변화를 가져오게 된다. 전략적 독서에서 가장 중요한 것은 자신의 진짜 목적이 무엇인지를 파악하는 것이다.

예를 들어, 동화 작가가 꿈이라면 기존 작가들의 동화를 수백 권 읽으면서 동화를 어떻게 써내려 가야 하는지 흐름을 파악할 수 있어야 한다. 취업이 목표라면 자신이 선택하고자 하는 분야의 관련 책을 읽음으로써 자기소개서와 면접을 준비하는 데 도움을 받아야 할 것이다.

한 분야에서 독보적인 전략가나 전문가가 되려면, 그 분야 관련 책들을 찾아서 꾸준하게 읽어나가야 한다. 글을 읽을 때는 작가의 생각을 읽으면서 비판적으로 생각할 줄 알아야 한다. 기존 책들의 내용을 그대로 받아들이기보다는 다른 관점으로 바라보면서 읽으면, 좀 더 효율적으로 책 내용을 관리할 수 있다. 2018년, 처음 책을 쓰려고 할 때 주변에서 내가 집필하려는 진로 분야의 책을 30권 이상 읽어야 한다는 얘기를 듣고, 도서관과 서점에서 관련 분야의 책을 꾸준하게 구매한 적이 있다. 어느 작가님은 동화 작가가 되려면 최소 1천 권 이상의 동화를 읽어야 그 흐름을 파악할 수 있다고 말하기도 한다.

내가 무엇이 될 것인가, 어떤 목표를 가지고 지금 살아가고 있는가를 먼저 생각하고 고민해야 한다. 그 고민들을 이루어 내기 위한 전략적인 목표를 가지고 책을 읽으며 공부해야 하는 것이다. 독서는 전략적으로 몰입해야 하는 학습 활동이다.

"독서는 다만 지식의 재료를 제공할 뿐이며,
그것을 자기 것이 되게 하는 것은 사색의 힘이다."
-존 로크-

메모 독서 사례

04
효율적인 독서, 당신만의 독서 스타일 찾기

– 박춘이

우리는 흔히 "독서는 습관"이라는 말을 듣는다. 하지만 막상 책을 읽으려 하면 어디서부터 시작해야 할지 막막할 때가 많다. 독서를 좋아하는 사람들을 보며 따라해보지만, 집중력이 흐트러지고 끝까지 읽지 못하는 경우도 흔하다. 나 역시 그러했다. 단순히 많이 읽는 것이 중요하다고 생각했지만, 시간이 지나면서 독서에서는 '습관'뿐 아니라 '전략'이 필요하다는 사실을 깨닫게 되었다.

독서의 목적을 정하는 것이 먼저다

책을 읽을 때 가장 중요한 것은 목적을 분명히 하는 것이다. 어떤 목표를 가지고 읽느냐에 따라 독서 방법은 달라질 수밖에 없다. 빠르게 전체적인 흐름을 파악하고 싶을 때가 있는가 하면, 깊이 있는 사고를 위해 천천히 곱씹으며 읽고 싶을 때도 있다. 결국 독서는 단순한 행위가 아니라, 나의 삶과 연결되는 과정이다. 목적을 설정하는 것만으로도 독서 경험은 완전히 달라진다.

한때 나는 자기계발서를 많이 읽으며 변화를 꿈꿨다. 하지만 처음부터 끝까지 정독하려다 보니 오히려 지루해져서 중간에 포기하는 일이 많았다. 그러던 중 "책을 반드시 처음부터 끝까지 다 읽을 필요는 없다."는 것을 깨달았다. 핵심만 파악해 필요한 내용을 빠르게 익히는 것이 오히려 더 효과적이었다. 자기계발서는 변화의 동력을 제공하는 책이므로, 목차를 먼저 훑어본 후 관심 있는 부분부터 읽어도 충분히 유용하다. 이렇게 하면 중요한 내용을 빠르게 습득할 수 있고, 읽는 부담도 줄어든다.

반면, 철학책이나 인문학 서적은 사색과 깊은 이해가 필요한 경우가 많다. 처음에는 무작정 빨리 읽으려다 내용이 어렵게 느껴져 포기하기도 했다. 하지만 한 페이지씩 천천히 읽으며 저자의 생각을 내 것으로 만들어가는 과정에서 새로운 시각과 깊은 통찰을 얻을 수 있었다. 이처럼 책의 성격에 따라 독서 방식은 달라져야 한다.

실용서나 전문서는 목적에 따라 필요한 부분만 발췌하여 읽는 것이 효과적이다. 온라인에서 지식 창업을 시작한 후, 사업 관련 서적을 읽을 때도 관심 있는 부분부터 찾아 읽었다. 특히 마케팅과 기획에 대한 내용만 골라 읽으니 부담도 줄고, 필요한 정보를 빨리 얻을 수 있었다. 독서의 목적을 분명히 하는 것만으로도 책 읽기는 부담이 아니라 원하는 정보를 효율적으로 얻는 즐거운 활동이 된다. 시간을 절약하면서도 효과적으로 지식을 쌓을 수 있는 '발췌 독서'는 내가 가장 추천하는 독서법이다.

속독과 정독, 언제 선택해야 할까?

책을 읽을 때는 빠르게 읽는 '속독'과 깊이 있게 읽는 '정독'을 상황에 따라 적절히 선택하는 것이 중요하다.

속독은 전체적인 내용을 빠르게 파악하고 싶을 때 유용하다. 예를 들어, 여러 권의 책 중에서 가장 유용한 책을 고를 때나, 독서 모임 전까지 주요 내용을 훑어봐야 할 때 속독이 효과적이다. 목차와 장의 첫 문단, 굵게 표시된 키워드를 중심으로 읽으면 빠르게 핵심을 파악할 수 있다.

반면, 정독은 깊이 있는 사고와 감정적 몰입이 필요한 경우 적합하다. 소설을 읽을 때는 주인공의 감정을 따라가며 천천히 읽어야 감동이 배가된다. 또한, 인문학 서적에서 새로운 통찰을 얻고 싶을 때 역시 정독이 필요하다. 책과 대화하는 느낌으로 한 문장, 한 페이지씩 차근차근 읽으면 어느새 그 책이 나의 일부가 되는 경험을 할 수 있다.

다양한 독서 전략 활용하기

독서 초보자도 쉽게 활용할 수 있는 몇 가지 독서법을 소개해 보겠다.

첫째, 스키밍skimming 독서법이다.

내가 가장 부담 없이 독서를 쉽고 재미있게 즐길 수 있었던 방법이다. 스키밍은 책의 내용을 빠르게 훑어보며 중요한 부분을 찾아내는 독서법으로, 먼저 목차와 각 장의 제목을 읽고, 장의 첫 문단과 마지막 문단을 훑어보면서 책의 전체적인 흐름을 파악하는 방법이다. 이를 활용하면 책이 어떤 내용을 다루고 있으며, 어떤 주제에 집중하고 있는지를 빠르게 알 수 있다. 특히 서점에서 책을 고를 때 유용하게 활용했는데, 덕분에 단순한 느낌만으로 책을 구매했다가 흥미를 잃고 쌓아두는 일이 크게 줄어들었다. 요즘 온라인 환경에 비유하자면, 유튜브에서 드라마 내용을 짧은 클립 영상으로 먼저 살펴보는 것과 비슷한 방법이다.

둘째, 스캐닝scanning 독서법이다.

스키밍과 비슷한 독서법인 스캐닝은 특정 정보를 찾아내기 위해 책을 읽는 방법이다. 예를 들어, 요리책에서 '파스타 레시피'를 찾거나 자기계발서에서 '시간 관리 방법'을 알고 싶을 때, 책을 빠르게 넘기며 필요한 부분만 골라 읽는 방식이다. 이 방법은 강의를 준비하거나 책을 쓸 때 특히 유용하게 활용했다.

스키밍과 스캐닝은 바쁜 현대인들에게 시간을 절약하면서도 핵심 내용을 효과적으로 파악할 수 있게 해 주는 실용적인 독서법이다.

셋째, 구조적 독서법이다.

책의 전체적인 구성을 먼저 파악한 후 필요한 부분을 중심으로 읽는 방법이다. 목차를 읽고, 장의 제목과 소제목을 확인한 후, 가장 관심가는 부분부터 집중적으로 읽으면 부담 없이 효과적으로 독서를 할 수 있다. 이 방법은 다른 독서법 관련 책에도 많이 나와 있는 내용이므로 짧게 소개를 하고 마치려 한다.

넷째, 쪼개기 독서법이다.

독서량이 적거나 한 부분만 읽어도 된다는 것에 익숙하지 않은 사람들에게 추천하는 방법이다. 나는 이 방법을 활용해 챌린지 모임도 운영하고 있다.

쪼개기 독서법은 책 내용을 작은 단위로 나누어 읽는 방식으로, 보통 소챕터 단위로 나누고 정해진 기간에 맞춰 분량을 조절한다. 매일 조금씩 읽다 보면 앞의 내용을 잊어버릴 수도 있지만, 마음에 드는 구절을 노트에 적고 내 생각을 남기는 방식으로 보완할 수 있다. 때로는 작가에게 묻고 싶은 질문을 적거나, 읽은 내용을 바탕으로 퀴즈를 만들기도 한다. 이런 활동을 병행하면 책의 내용을 더욱 깊이 이해하고 집중할 수 있다.

당신만의 독서 스타일을 찾아라

독서는 단순히 많은 책을 읽는 것이 아니라, 자신에게 필요한 책을 선택하고 그에 맞는 전략을 적용하는 것이 중요하다. 무작정 여러 권을 읽기보다 한 권을 읽더라도 내 삶에 의미 있는 방식으로 읽는 것이 더 값진 경험이 될 수 있다. 여기에 소개한 다양한 독서법을 활용해 자신만의 독서 스타일을 찾아보길 바란다. 독서는 부담이 아닌, 즐거운 배움의 과정이 되어야 한다. 효율적인 독서를 통해 삶에 긍정적인 변화를 만들어 가길 기대한다.

책을 읽는 데에 진정한 비밀은
단순히 많은 책을 읽는 것이 아니라,
그 책에서 얻을 수 있는 지혜를 자신의 것으로 만드는 것이다.
- 모리스 베런 -

05
내면세계를 확장하는 독서전략

– 김은미

"엄마, 삼겹살은 너무 맛있어요. 특히 상추랑 같이 싸 먹으니까 더 맛있어요!"

"엄마도 너무 맛있구나. 거기다 상추와 함께 먹으니, 건강에도 좋지."

"와~ 상추가 건강에 좋아요? 어떻게 좋은데요?"

"상추는 채소라서 비타민과 무기질이 풍부하고 신경을 안정시키는 물질도 있지. 또 우리 몸의 염증을 없애주어서 몸을 튼튼하게 하지."

"오, 신기하다. 엄마, 그럼 머리가 건강해지려면 어떻게 해야 해요?"

여름날 불판 앞에서 삼겹살을 먹다가 시작된 아이의 물음은 상추의 효능을 넘어 머리의 건강까지 확장되었다.

우리의 정신을 건강하게 만드는 것은 무엇일까? 내가 그동안 먹은 음식이 나의 몸을 만들고, 그동안 읽은 책이 나의 정신을 만든다고 한다. 독서는 우리의 내면세계를 튼튼히 세워주고 끝없이 확장해 준다. 또한 독서는 미처 보지 못한 것을 보는 눈을 길러주며 다른 세계로 나가는 다리가 되고, 인식의 둘레와 삶의 영역을 넓혀주는 역할을 한다.

그러나 현대사회는 볼거리, 읽을거리, 정보가 홍수처럼 무자비하게 쏟아진다. 정보를 취득할 수 있는 매체 또한 다양해졌다. 독서가 너무나 중요하다는 것을 알지만 독서는 많은 시간을 투자해야 하고, 인터넷 세상에 비하면 너무 지루한 행위라고 여겨진다. 독서의 재미에 빠지면 밤새는 줄 모른다지만 독서의 재미에 빠지기가 쉽지 않다. 그래서 독서도 전략이 필요하다. 독서가 재밌어지려면 어떻게 읽어야 할까?

첫째, 분야별, 장르별, 관점별로 다양하고 광범위한 독서를 해야 한다. 독서는 취미의 영역이기도 하므로 관심사에 따라 자연스럽게 취향이 생기게 된다. 한 장르에 치중하여 읽거나 자기계발서, 성공을 향한 법칙, 부의 축적 등 자신의 관심사에 따라 독서를 하게 된다. 물론 한 분야와 관련하여 깊이 있는 독서는 매우 중요하고 또 필요하다. 그러나 그 분야 외의 다른 책을 등한시할 때 우리는 편협한 사고에 갇히게 된다. 그래서 독서할 때는 문학, 비문학에 두루 균형을 맞추고 다양한 분야와 장르를 망라해서 읽는 것이 좋다.

평소 등한시하던 분야라도 작은 계기로 인해 관심이 생길 수 있다. 이러한 순간을 놓치지 말고 독서로 연결한다면 자연스럽게 독서 영역을 확장할 수 있다.

우리 가족은 문학 장르 중에서 유난히 시를 읽지 않는다. 어른들은 삶에 치여 시의 매력을 잊었고, 아이들은 시를 접할 기회가 없어서 어렵게 생각하는 경향이 있었다.

어느 날 아이가 하교하자마자 "엄마 이 시 알아요?" 하면서 김용택 시인의 「콩, 너는 죽었다」라는 제목을 알려주었다. 선생님께서 읽어보라고 했다며 도서관에 가자고 했다. 아이는 콩이 대체 왜 죽냐고 물었다. 우리는 도서관에서 책을 빌려 오는 내내 '콩이 대체 왜 죽을까?', '어떻게 죽을까?' 상상하면서 왔다. 그리곤 집에 오자마자 시집을 펼쳤다.

콩, 너는 죽었다

콩타작을 하였다
콩들이 마당으로 콩콩 뛰어나와
또르르또르르 굴러간다
콩 잡아라 콩 잡아라
굴러가는 저 콩 잡아라
콩 잡으러 가는데
어, 어, 저 콩 좀 봐라
쥐구멍으로 쏙 들어가네

콩, 너는 죽었다

 시를 읽으며 또르르 굴러떨어지는 콩의 모습이 머릿속에 그려졌다. 콩을 잡으러 쫓아가다가 쥐구멍을 들여다보는 그림 속 주인공을 따라 아이들도 쥐구멍을 들여다봤다. 장난꾸러기의 목소리로 시를 읽어주니 아이들이 깔깔거리며 웃었다. 시집 속 글과 그림을 통해 그간 잊고 있었던 시의 매력을 다시 깨달았다.

혹시 우리 집에도 시집이 있냐며 책장을 기웃거리던 아이가 딱 자신의 마음과 같다며 『새들은 시험 안 봐서 좋겠구나』라는 제목의 시집을 가져왔다. '한국 글쓰기 교육연구회'에서 아이들이 직접 쓴 시를 엮어 내놓은 시집이다. 초등 고학년이 되면서 학업 스트레스를 느끼고 있던 아이는 시를 읽으면서 12시까지 공부하는 학생의 시를 보곤 자신보다 더 힘들겠다며 너무하다고 탄식했다. 그러다 재미있는 부분이 나오면 함께 웃으면서 읽었다.

재미있는 시집 여정은 김개미 시인의 『쉬는 시간에 똥 싸기 싫어』를 통해 더욱 확장되었다. 학교에서 겪는 배변 어려움, 짧은 쉬는 시간에 똥을 싸야만 하는 아이의 불안감이 잘 드러난 시 덕분에 우리는 비슷한 경험을 나눌 수 있었다. 또 엄마의 잔소리를 마주하는 아이의 심리가 기막히게 포착되어 있어 아이들의 공감을 얻었던 『잔소리 1』, 『잔소리 2』 2편의 연작시를 보면서 엄마로서 아이들의 마음을 이해하고 반성할 수 있었다. 평소 시에 흥미를 느끼지 못하던 아이들에게 시를 맛보여주고 싶어서 자연스럽게 공감할 수 있는 작품을 선정하니 대화의 물꼬가 트이고 시는 재미없다는 고정관념을 깰 수 있었다.

둘째, 한 작가의 다른 작품을 함께 읽어본다. 몇 해 전 아이들과 도서관에 갔다가 우연히 요시타케 신스케 작가의 『이게 정말 나일까?』라는 그림 동화책을 보게 되었다.

숙제, 심부름, 방 청소….
하기 싫은 것들에 지쳐 버린 어느 날, 나에게 좋은 생각이 떠올랐다.
그래! '가짜 나'를 하나 만들어야겠어! 그래서 그 녀석에게 몽땅 시켜야지!

주인공이 용돈을 탈탈 털어 산 도우미 로봇이 가짜라는 게 들키지 않도록 자신과 똑같이 행동하도록 요구하고, 로봇에게 "나는 ○○이야"라고 하나씩 알려주면서 자신의 특징과 내면을 유쾌하게 풀어낸 그림책에 우리는 단숨에 매료되었다. 글의 내용은 재미있으면서도 심오하고, 작가가 직접 그린 그림은 단순한 선으로 동글동글 귀엽게 그려져 작가에 대한 호기심을 불러일으켰다.

나는 아직 만들어지고 있는 중이야.
한 해 한 해 키가 크고 있으니까 앞으로도 계속 자랄 거야.

쑥쑥 자라서 뭔가 위대한 사람이 될지도 몰라. *(중략)*

나는 단 한 명밖에 없어.
할머니가 말씀하셨는데, 인간은 한 사람 한 사람
생김새가 다른 '나무' 같은 거래.
자기 나무의 '종류'는 타고나는 거여서 고를 수 없지만
어떻게 키우고 꾸밀지는 스스로 결정할 수 있대.

요시타케 신스케 작가의 대표작을 보고 나니 작가의 다른 책도 궁금해졌다.『이게 정말 사과일까?』이후로 '이게 정말' 시리즈를 꾸준히 출간했다. 도서관에서 작가의 다른 작품들을 발견한 우리는 환호성을 질렀다.『이게 정말 사과일까?』,『이게 정말 천국일까?』,『이게 정말 마음일까?』를 함께 읽으며 작가가 던지는 질문을 따라갔다. 그리고 우리의 본질, 천국, 마음에 대해 유쾌하게 고민해 볼 수 있었다. 작가의 이러한 작품들을 통해 우리도 자연스럽게 자신의 존재를 되돌아보고 찾아가는 개인적 측면의 탐구를 할 수 있었다.

작가는 일본과 한국에서 인기 있는 작가로 많은 팬을 확보하고 있기에 서가 여기저기에 흩어져 있는 다른 책들도 쉽게 찾을 수 있었다.『불만이 있어요』,『이유가 있어요』,

『심심해, 심심해』를 통해 아이의 눈에 비친 어른들의 불합리함과 아이의 세계가 전혀 단순하지 않음을 엿볼 수 있었다. 어른들 못지않게 복잡하면서도 순수한 모습들이 재미있게 표현되어 있어서 재미있게 읽었고 어른인 나는 웃다가도 마음이 따끔따끔하였다. 또 사회적 측면에서 타인을 배려하고 따뜻함을 드러낸『보이거나 안 보이거나』와『그것만 있을 리가 없잖아』등의 다른 책을 찾아보면서 작가가 세상을 바라보는 따뜻한 시선, 작가가 말하고자 하는 바를 알 수 있었다. 그리고 자연스럽게 이런 글과 그림을 그리는 작가에 대해 궁금증이 생겼다. 그래서 작가의 인터뷰, 기사 등을 찾아보았고 더욱 작품에 애정이 생기게 되었다.

셋째, 수준에 맞는 책을 선정하여 읽는다. 아무리 좋은 책이라도 아직 소화할 수 있는 능력이 되지 않는다면 아껴두는 것이 좋다. 얼마 전 한강 작가의 노벨문학상 소식에 서점가가 특수를 누리고 있다. 한강 작가의 대표작들은 날개 돋친 듯 팔려 나가고, 학부모님들 또한 한강 작가의 대표작인 『소년이 온다』, 『작별하지 않는다』, 『채식주의자』등을 구매하여 초등학생 자녀들에게 읽어보라고 권유하는 경우를 종종 본다. 마치 도장 깨기처럼 유명하고, 어려운 책을 읽는 것을 대단하게 말하기도 한다.

 그러나 텔레비전 프로그램마다 시청 가능 연령이 표기되는 것처럼 책 역시 자신의 수준에 맞게 읽어야 한다. 한강 작가의 책을 직접 읽어본 학부모님들은 어린 학생들에게 쉽사리 권하지 않는다. 아무리 훌륭한 책이라도 연령에 적합하게 읽어야만 감동이 배가 되기 때문이다. 우리나라 최초의 노벨상 수상작이면서 우리가 잊지 말아야 할 역사적 사건을 소재로 쓴 작품들은 언젠가는 꼭 읽어봐야 할 훌륭한 작품이다. 그러나 가슴 아픈 역사를 선명하게 다루었기에 초등 저학년보다는 청소년 시기에 읽는 것이 적합하다. 또한 한강 작가의 문체는 마치 시와 같이 정제되어 있어서 후루룩 읽어내기보다는 곱씹을수록 맛이 나기 때문에 다른 책들로 독서력을 높이고 읽는 것이 더욱 좋다.

 따라서 책의 주제, 내용, 표현 등이 독자의 연령이나 수준을 넘어선다면 조금 더 아껴두었다가 자녀가 그 책의 가치를 받아들이고, 깨달을 수 있을 때 권하는 것이 좋다.

 이처럼 독서할 때도 책에 맞는 적합한 전략이 필요하다. 그리고 분야와 장르를 넘나들며 광범위하게 독서하고 다양한 관점의 책을 읽어 독서의 균형을 맞춰야 한다. 또 책을 읽다가 관심이 가는 작가를 만나면 작가의 다른 저서를 찾아보면서 깊이 읽어나가고, 자신의 연령과 수준에 맞는 책을 읽는 것이 좋다.

독서는 목적 그 자체가 아니다. 목적으로 향하는 수단이다. 자신이 원하는 목표와 목적에 맞게 도구를 활용하는 것은 사용자의 몫이다. 진정한 독서는 정보를 습득하여 지식을 쌓는 것을 넘어 사색의 발판으로 나아가 스스로 배우고 깨닫게 하는 것이다. 독서를 통해 입력된 지식은 읽는 이의 사색과 배움, 실천이 함께 따를 때 비로소 지혜로 자리매김하게 된다. 진정한 독서를 통하여 삶의 순간마다 만나는 선택의 기로에서 현명한 선택을 하고, 사회를 이해할 수 있는 통찰력을 기르며, 나아가 우리 사회가 가진 문제들을 잘 해결할 수 있는 능력을 함양하여야 한다.

"당신이 좋은 책을 읽고 있을 때마다
세상 어디에선가 더 많은 빛을 비추는 문이 열린다."
— 베라 나자리안 —

06
밑줄 긋기와 질문하기로 깊이 읽기

— 한인신

1. 밑줄 긋기로 글의 구조를 잡다

 고등학교 교사로서 비문학 지문을 다룰 때, 학생들이 가장 먼저 부딪치는 벽은 핵심 내용을 파악하는 일이다. 문학 작품 요약은 비교적 잘하는 편이지만, 비문학 글을 단번에 정리하는 것은 쉽지 않다. 이럴 때 유용한 전략 중 하나가 '밑줄 긋기'다.
 핵심 문장이나 근거 문장에 밑줄을 그어두면 글의 전체 흐름이 시각적으로 드러나고, 필요한 내용을 한눈에 되돌아 볼 수 있다. 특히 수능처럼 긴 지문을 짧은 시간 안에 읽어

내야 하는 상황에서 밑줄 긋기는 유용한 무기다. 여러 번 지문을 읽을 시간 없이, 첫 번째 정독 과정에서 핵심 문장에 밑줄을 그으면, 이후 문제를 풀 때 그 밑줄을 빠르게 따라가며 답을 찾는 요령을 발휘할 수 있기 때문이다.

이러한 전략은 일반 성인 독서에도 그대로 적용할 수 있다. 한 권의 책을 다 읽고 나서 '이 책, 도대체 무슨 내용이었지?'라는 생각이 들 때가 많다. 목차를 다시 들여다보며 희미한 기억을 쥐어짜 보지만, 핵심 메시지를 통으로 정리하기는 만만치 않다. 이때 도움이 되는 것이 바로 밑줄이다.

독서 과정에서 핵심 단락마다 밑줄을 그어두면 나중에 책을 다시 펼쳤을 때, 밑줄 부분만 따라가도 내용을 빠르게 재구성할 수 있다. 밑줄로 표시한 핵심 흐름을 재독하면서 책의 주제를 다시 확인하고, 저자의 주요 논거를 쉽게 상기할 수 있다.

일본 교육학자 사이토 다카시는 『독서력』에서 '삼색 볼펜 독서법'을 제안한다. 파란색은 객관적으로 중요한 부분, 빨간색은 책의 주제와 직결된 핵심 문장, 초록색은 자신에게 주관적으로 흥미로운 부분에 밑줄을 긋는 식이다. 이렇게 색깔을 구분하면, 빨간색 줄만 훑어도 책의 기본 뼈대를 파악하고, 파란색 줄을 통해 서술 근거와 논리 전개를 점검하며, 초록색 줄은 독자가 느낀 개인적 감흥을 집약한다.

이 방식은 독서 후 책을 재점검할 때 무척 편리하다. 다른 사람은 중요하게 여기지 않을 수 있는 부분도 초록색으로 표시해 두면, 나만의 독서 경험이 선명하게 남는다. 색깔 선택은 자유이며, 볼펜 대신 연필을 쓰거나, 기호나 스티커를 활용하는 것도 가능하다. 중요한 것은 밑줄을 통해 텍스트를 구조화하고, 독자의 기억 속에서 책 내용을 명확히 재현하는 장치를 만드는 것이다.

밑줄 긋기는 텍스트를 단순히 '보는 것'에서 '지도처럼 그리는 것'으로 바꿔 준다. 운전할 때 내비게이션에만 의존하면 길의 구조가 머릿속에 남지 않는 것처럼, 책을 무심히 읽기만 하면 내용이 머릿속에 지도로 형성되지 않는다. 내비게이션 없이 길을 찾을 때는 주변 표지판, 건물, 지형을 주의 깊게 살피며 스스로 지도를 그린다. 이 과정을 거치면 다음에 같은 길을 갈 때 훨씬 수월해진다.

독서 또한 마찬가지다. 밑줄을 긋고, 그 옆에 간략한 메모를 남기거나 색으로 구분하면 글의 논리와 흐름이 머릿속에

한 장의 지도로 그려진다. 그 결과, 한 번 읽은 책을 훗날 다시 펼쳐 보거나 관련 주제를 떠올릴 때, 밑줄의 흔적을 따라가며 내용을 쉽게 재구성할 수 있다.

처음에는 낯설 수도 있다. "책을 깨끗하게 봐야지, 낙서하듯 줄을 그어놓으면 어떻게 해?"라며 반발하는 사람도 있다. 중고로 되팔 때 가치가 떨어질 것이라는 실용적 걱정, 밑줄에 시선이 고정되어 새로운 관점으로 재독하기 어렵다는 우려도 있을 수 있다. 한때 나 자신도 무분별하게 밑줄을 긋고는 나중에 '왜 여기 줄을 그었지?' 하고 의아해했던 경험이 있다. 읽는 순간 마음에 와닿아 줄을 그었지만 정작 그 부분이 책 전체 맥락에서 크게 중요하지 않았거나, 다시 봤을 때 별 감흥이 없는 경우도 있었다.

그러나 경험이 쌓이고 독서량이 늘면서 밑줄의 의미가 달라졌다. 이제 밑줄은 단순한 '표시'가 아니라, 저자의 핵심 논리와 내 생각을 연결하는 매개이자, 텍스트에 흔적을 남기는 능동적 독서의 증거다. 책을 다시 펼쳤을 때 밑줄 친 부분만 봐도 책의 전반적 구조와 주제를 떠올릴 수 있고, 그 옆에 적어둔 간단한 메모가 기억을 환기한다. 그 밑줄들은 머리와 가슴을 채우는 자양분이 된다.

2. 질문하며 읽기로 사고 확장하기

밑줄 긋기가 글의 구조를 잡아주는 장치라면, 그 구조 안에서 생각을 더 풍부하게 만드는 도구는 바로 '질문하기'다. 질문은 독서를 수동적 소비에서 능동적 참여로 바꾸어준다. 사람의 사고는 질문을 통해 가지를 뻗는다고 한다.『질문지능』의 저자 아이작 유는 "인간의 생각은 질문에 의해 이끌린다."라고 말한다. 질문을 던지는 순간, 독자는 텍스트를 단순히 받아들이지 않고 해석하고 비판하며 재평가하는 적극적 독자로 변모한다.

이를 독서 전 과정에 활용할 수 있다. 예를 들어『본깨적』의 저자 박상배는 책을 읽기 전에 3가지 질문을 던져보라고 조언한다. "이 책과 나의 연관성은?", "예상되는 책의 핵심 키워드는?", "이 책에서 얻고자 하는 바는 무엇인가?"와 같이 간단한 질문만으로도 독서는 목적과 의미를 갖게 된다.

목적 없이 책장을 넘기기보다, 이 질문에 답하기 위해 책을 읽으면 내용 이해와 몰입도가 한층 높아진다. 이 질문들은 자신이 어떤 정보나 깨달음을 필요로 하는지 명확히 하고, 책과 자신을 연결하는 고리를 만든다. 이후 책을 읽으면서 "과연 예상했던 핵심 키워드가 맞아떨어지는가?", "나의 필요에 부합하는 내용이 담겨 있는가?"를 확인하는 과정에서 독서의 집중력과 흥미가 상승한다.

질문하기 전략은 교육 현장에서도 탁월한 효과를 발휘한다. 학생들은 보통 선생님이 준 질문지나 교과서 옆에 적힌 유도 질문에 답하는 데 익숙하다. 그러나 스스로 질문을 만들어 보는 경험은 적다. 처음에는 낯설고 어렵게 느낀다. 글을 읽으면서 자기 자신에게 질문을 던지고, 그 질문에 답해보는 과정은 능동적 독자의 탄생을 의미한다. 글을 읽을 때 한 페이지당 최소한 한 개 이상의 질문을 만들게 하거나, 모르는 단어의 의미를 묻는 간단한 질문부터 시작하면 점차 익숙해진다.

질문은 꼭 거창할 필요가 없다. 낯선 개념이 나오면 "이 용어의 뜻은 무엇일까?"라고 적고, 저자의 주장 문장을 의문문으로 바꿔보며 "정말 이 말이 맞는가?"라는 비판적 시선을 갖는다. 감동한 구절 옆에는 "왜 이 부분이 나를 감동시켰을까?"라는 질문을 달아본다. 이런 작은 질문들이 모여 전체 글의 이해도를 높이고, 텍스트를 단편적 정보로 소비하는 대신 생각의 촉매로 삼게 한다.

질문을 표시할 때는 밑줄 긋기에 사용한 색과 다른 색 펜을 사용하라고 권한다. 이를테면, 밑줄은 파란색, 질문은 빨간색 펜으로 적는 식이다. 나중에 책을 다시 펼쳤을 때 질문들만 눈으로 훑어보면, 그 책을 읽을 당시 내가 무엇을 궁금해했는지, 어느 부분에서 막혔고 어떤 개념에 집중했는지가 생생히 드러난다. 이 질문들에 대한 답을 찾아가며 재독하면, 책을 새롭게 이해할 수도 있고, 독서 이후 축적된 경험을 바탕으로 이전에 떠올리지 못했던 새로운 해석을 할 수도 있다.

이렇게 만들어진 질문들은 독서를 넘어 토론에도 활용할 수 있다. 예를 들어 수업 시간에 아이들이 각자 읽은 글에서 만든 질문들을 모아 토론하게 하면, 아이들은 서로의 질문에 대한 답을 찾거나 새로운 관점을 교환하며 활발한 소통의 장을 열 수 있다. 이때 서로의 생각이 부딪치고 섞이며, 독자 간의 상호작용을 통해 그 글의 의미가 더욱 깊어진다. 여기서 오는 "우와~!", "아하!" 하는 탄성은 읽은 내용을 머릿속에 더욱 오래, 그리고 선명하게 남긴다.

다음은 이러한 활동을 거친 학생들의 예시다. 이를 통해 질문하기가 독자의 사고 지평을 얼마나 넓힐 수 있는지 확인할 수 있다.

> **[아이들의 질문 및 답변 예시 1]**
> **단편 「달려라, 아비」를 읽고 나서**
>
> 질문: "엄마에게 편지 내용을 거짓말한 이유는?"
> 학생들의 답변:
> - 때로는 선의의 거짓말도 필요하다. 상처 입은 어머니를 더 슬프게 하지 않기 위해 거짓말을 한 것일 수 있다.
> - 아버지가 다른 가정을 꾸렸고, 그 결혼생활의 비극적 결말까지 알게 된다면 어머니는 더욱 큰 상처를 받을 것이므로 이를 막기 위한 보호 차원이다.
> - 어머니가 반평생 아버지를 기다렸는데, 아버지의 배신과 추한 죽음은 어머니를 절망에 빠트릴 가능성이 크다. 자식으로서 그런 상황을 피하고 싶었을 것이다.

이런 식으로 하나의 질문이 인물의 심리, 관계 속의 애틋함, 상황적 배경을 탐구하게 만든다. 단순히 줄거리를 파악하는 것에서 나아가 감정 이면을 들여다보게 하고, 독자는 작품 속 인물의 고통과 선택을 이해하며 더 깊은 공감을 형성한다.

> **[아이들의 질문 및 답변 예시 2]**
> **단편 소설 「헬렌 올로이」를 읽고 나서**
>
> - 소설의 마지막 부분에서 필이 헬렌과 데이브를 함께 묻어주기로 한 결정에 공감하는가?
> - 헬렌의 감정은 단지 입력된 프로그램일까, 아니면 진짜 감정으로 볼 수 있을까?
> - 로봇이 사람을 사랑한다는 상황이 현실적이라고 생각하는가?
> - 데이브와 헬렌의 사랑은 어떤 의미를 가질까?
> - 자아를 가진 로봇을 폐기하는 것은 윤리적인가? 인간의 기준으로 생명이나 감정을 판단할 수 있는가?
> - 만약 나 자신이 데이브와 같은 상황, 즉 로봇이 나를 진심으로 좋아하는 상황이라면 나는 이를 어떻게 받아들일 것인가?

학생들은 이러한 질문을 던지며 텍스트에 묘사된 상황을 넘어서, 인간성과 윤리, 미래 기술 발전에 따른 가치관의 변화를 탐구한다. 로봇과 인간의 사랑은 현재 기술 수준으로는 공상과학적 주제지만, 학생들은 이 질문을 통해 인간의 감정과 본질, 인공지능에 대한 윤리적 고민, 나아가 미래 사회에서 우리가 마주할 수 있는 도전을 상상하고 토론한다. 이렇게 질문은 텍스트 바깥의 세계와 연결되며 독자의 사고 영역을 확장한다.

밑줄 긋기와 질문하기는 독서의 주도권을 독자에게 돌려주는 강력한 전략이다. 밑줄 긋기는 단순히 눈으로 스치는 정보를 머릿속에 체계화하고, 책의 구조를 간단히 보여주며 기억을 돕는 시각화 도구가 된다. 질문하기는 독자에게 사고의 자유를 허락하고, 저자와 대등한 위치에서 텍스트를 바라보게 하며, 작품을 넘어 인간과 사회에 대한 성찰을 자극한다.

두 전략을 함께 구사하면, 독서는 수동적 활동이 아닌 능동적 창작과 같아진다. 책을 읽는 동안 밑줄과 질문은 독자가 직접 그린 지도이자 발자국이다. 책을 덮은 뒤에도 이 흔적들은 독자의 머릿속에 깊이 새겨져, 다시 한번 책을 펼치거나 같은 주제를 마주할 때 빠르게 의미를 되살린다. 또한 독서는 더 이상 외부 지식을 담는 행위에 그치지 않고, 독자 자신을 변화시키는 경험으로 거듭난다. 생각의 층위가 깊어지고, 의미를 다시 해석하고, 새로운 가치를 발견하는 과정에서 독자 스스로 독서의 주인이 되는 것이다.

이제 책을 펼치고, 펜을 들어 밑줄을 긋고, 스스로에게 질문을 던져보자. 그 순간부터 독서라는 여정은 훨씬 풍요로워지고, 그 속에서 얻은 경험과 지식은 머리와 가슴을 채워 우리를 더욱 성장하게 할 것이다.

"책을 읽는 일은 오래 입은 옷처럼 편안한 지식과 가치를 다시금 냉정하게 돌아보는 일이다. 그런 점에서는 다소간의 불편과 거부감이 따르는 일일 수도 있다.
그러나 최초의 불편과 거부감을 통과하고 나면 그다음에 기다리고 있는 것은 새로운 발견, 그리고 넓고 깊어진 자기 자신이다."

– 최재봉, 『책은 왜 읽는 것일까?』 –

Part 3

독서, **얼마나** 읽어야 할까?

01
독서의 양보다 깊이로 승부하라

— 송숙영

학생들은 자주 나에게 이런 질문을 한다.

"선생님, 책은 몇 권이나 읽어야 하나요?"

이 질문에 나는 이렇게 답한다.

"얼마나 읽어야 하는가의 질문은 얼마나 많은 책을 읽느냐의 how many가 되어서는 안 됩니다. How deeply, 즉 얼마나 깊이 있게 읽어야 하는가를 질문해야 합니다."

이는 독서의 양보다 질이 더 중요하다는 것을 강조하는 것이다.

활자 자체를 많이 읽는다고 독서력이 향상되는 것은 아니다. 저자가 우리에게 하고자 하는 말을 얼마나 진지한 태도로 읽느냐가 중요하다. 책을 통해 통찰하는 것, 그것이 독서의 가치라 할 수 있다. 한 권만이라도 제대로 읽는다면 통찰을 통해 사고의 성장이 일어나 이전과는 비교할 수 없이 인지구조가 체계적으로 변화하는 것을 경험할 수 있다.

그렇다면 어떻게 읽어야 깊이 있게 독서에 몰입할 수 있을까?

첫째, 책을 공부하려는 강박에서 벗어나야 한다.

나는 학교에서 사회와 역사 과목을 담당하고 있다. 담당하는 과목을 말하는 순간, 학생들과 학부모들이 입을 모아 하는 말이 있다.

"사회랑 역사는 외울 것이 너무 많아서 어려워요."

그러면 나는 이렇게 질문한다.

"자주 보는 예능 프로그램이나 드라마가 있나요? 내용이 무엇이었나요?"

이 질문에는 누구나 자신 있게 대답한다. 살아있는 표정으로 출연자의 말투를 똑같이 따라 하며 몸짓과 발짓을 모두 동원해 감칠맛 나게 설명한다.

잠시 시각을 바꾸어 생각해 보자. 사회와 역사는 인간 세상에서 일어나는 아주 재미있는 스토리로 원인과 결과가 있고 등장인물이 있다. 독서도 마찬가지다. 책의 핵심이 되는 이야기를 기억하는 것이 중요하지, 외우려고 하면 당연히 어렵게 느껴질 수밖에 없다. 독서를 공부와 같은 의미로 이해하면 당연히 거부감이 들고 어렵게 느껴지기 마련이다. 우리가 드라마를 볼 때 모든 대사를 외우고 줄거리를 암기하려고 노력하지 않는 것처럼 독서 또한 전체 흐름을 이해하자는 가벼운 마음으로 시작해야 한다.

둘째, 책 내용이 어렵다면 먼저 스키마를 만들어라.

한 챕터를 읽었을 때 무슨 말인지 모르겠다면 우선 책을 덮어야 한다. 책을 덮는다는 것은 책 읽기를 중단하라는 것이 아니다. 책을 이해할 수 있는 대략적인 구조도, 즉 스키마를 먼저 만들라는 것이다. 스키마를 만드는 방법은 매우 간단하다. 책을 요약해 소개하는 블로그 글이나 영상을 보는 것이다.

영상매체로 인해 문해력이 저하된다는 기사가 연일 쏟아지는 상황에서 스키마를 만들기 위해 블로그나 영상을 보라는 말이 매우 아이러니하게 들릴 수 있다. 그러나 주의할 점은 주변의 방해를 받지 않고 집중해서 텍스트를 2~3회 읽었지만, 도저히 이해가 안 되었을 때 영상매체나 블로그를 이용하라는 것이다.

많은 사람이 집중해서 읽기를 시도했음에도 의미를 이해하기 어려울 때 자괴감이 들어 독서를 중단하게 된다. 독서를 중단하게 되는 것보다 내가 이해하지 못한 부분을 이해할 수 있는 블로그나 영상의 도움을 받아서라도 전환점을 만들어 다시 독서를 지속하게 하는 것이 중요하다.

이러한 방법을 주장하는 이유는 내가 학교에서 학생들을 지도하며 얻게 된 노하우이기 때문이다. 나는 고등학교에서 문과 계열을 희망하는 학생들의 진로 행사를 운영하는 인문사회부 부장으로 일하고 있다. 인문계열에서 가장 중요한 것은 문해력이기에, 매년 독서 토론 행사를 진행한다.

학생들에게 진로 역량을 기르는 데 필요한 키워드를 조사하고, 그 키워드를 담고 있는 책을 구매해 학생들에게 대여해 준다. 그리고 한 달 동안 충분한 시간을 주고 읽어오라고 당부한다. 그러나 진짜로 책을 읽는 학생들의 비율은 5%가 안 될 정도로 처참하다. 이 학생들이 의지가 없거나 학업성취가 낮은 학생들도 아니다. 놀랍게도 학교에서 면접까지 봐서 선발한 1~3등급의 우수한 학생들이다.

학생들에게 왜 책을 읽지 않았는지 물어보면 이렇게 답한다.
"읽어도 무슨 말인지 모르겠어요!"
나는 이렇게 책을 읽지 않은 학생들을 모아 OT 시간을 갖는다.
"여러분이 지금 함께 볼 영상은 책 내용을 10분 내외로 요약한 것입니다. 이 영상을 보면 여러분의 머릿속에 책의 메시지가 남기 때문에 훨씬 쉽게 읽을 수 있습니다."
그리고 영상을 다 본 후에는 독서 기록지를 나눠준다. 단순한 독서 기록지가 아니라 책 내용과 관련된 발제문이 기재된 독서 기록장이다. 독서 기록지에 발제문과 관련된 내용이 어느 부분에서 나오는지 찾고, 그 글을 읽고 어떤 생각을 했는지 반드시 손으로 기록해 가져올 수 있도록 한다. 이렇게 프로그램을 수정해서 운영한 결과 아이들은 책의 내용을 완벽히 이해하고 자기 것으로 소화해 토론다운 토론을 할 수 있게 되었다.
독서 토론 프로그램이 끝난 이후 학생들에게 영상을 본 것이 도움이 되었는지 물어보면, 학생 대부분이 영상을 통해 핵심 내용을 알게 되어 책을 읽을 때 거부감이 덜해졌다고 고백했다. 또한 책의 전체적인 내용을 알고 읽기 시작하기 때문에 어렵다는 생각을 가지지 않게 되었다고 말한다.

나는 학생들이 이렇게 말하는 이유가 영상을 통해 '스키마'를 먼저 구축했기 때문이라고 생각한다. 스키마란 피아제Piaget가 처음 사용한 용어로 친숙한 상황, 행동 또는 사건 등과 같이 독자의 기억 속에 저장된 지식 구조를 의미한다. 학습자들은 새로운 정보를 받아들일 때 기존의 스키마와 관련지어 정보를 해석하고 추가하기 때문에, 이미 존재하는 지식체계는 독서에서 새로운 정보를 받아들일 수 있는 빨대처럼 매우 중요한 역할을 한다.

따라서 책을 소개하는 영상을 보는 것이 독서에 있어 지식체계를 사전에 형성해 줄 수 있는 유인이 되므로, 어려운 책일수록 책을 소개하는 영상이나 글의 도움을 받아 쉽게 이해하는 요령을 터득해 독서를 지속할 수 있게 해야 한다.

셋째, 눈이 아닌 손으로 독서하라.

글자는 눈으로 읽어야 하지만 글자의 의미는 뇌에 입력되어야 한다. 뇌에 입력된 글을 효율적으로 읽고 기억하기 위해서는 뇌를 활성화해야 하는데 이를 위해 손을 움직이는 필사가 매우 효과적이다.

한국뇌연구원 서유헌 원장은 "집중·기억·연상·운동능력을 수행하는 뇌의 다양한 영역을 골고루 자극하는 것은 정교한 손의 움직임"이라고 설명한다. 그는 "배운 것을 표현하라고 지시했을 때 입으로만 말한 아이는 33%를 기억해 내지만, 손동작을 곁들인 아이는 90%까지 기억했다."라는 연구 결과를 발표했다. 손을 움직이는 것이 뇌를 활성화하는 열쇠라는 것이다.

인체의 뼈 중 4분의 1인 54개가 우리 신체의 양손에 있는데, 손으로 필사하는 과정에서 관절과 근육의 움직임이 뇌에 풍부한 신호를 주기 때문에, 필사는 독서력을 향상할 수 있는 가장 효율적인 방법이라고 할 수 있다.

지금까지 책에 몰입해 깊이 있게 읽는 방법을 소개했다. 이제 당신도 어렵게만 느껴지는 책을 깊이 있게 읽어 당신의 소유로 만들 수 있게 될 것이다. 당신의 소유가 된 그 책은 당신의 삶에서 새롭게 태어날 것이다. 창조자가 되어 독서를 통해 자신을 거듭 새로운 존재로 만들어 가는 기쁨을 느껴보아라. 당신은 창조의 힘을 가진 사람이기에 능히 할 수 있을 것이다.

> "내가 책을 읽을 때 눈으로만 읽는 것 같지만
> 가끔씩 나에게 의미가 있는 대목,
> 어쩌면 한 구절만이라도 우연히 발견하면
> 책은 나의 일부가 된다."
> − 윌리엄 서머싯 몸 −

02
맑고 그윽하게 담아내기

- 김수연

    책을 읽다가 읽고 쓰는 사람이 되었다. 삶이 칠흑처럼 힘겹던 날, 만 보를 인증하고 긍정 확언과 감사 일기를 인증하는 온라인 카페에서 귀인을 만났다. 첫 공저를 함께 쓰는 행운의 기회를 주신 김원배 작가님이시다. 책 홍보를 위해 블로그를 만들었다. 그리고 이제 매일 쓰는 사람이 되었다. 생소했던 신문물이었던 블로그는 나의 놀이터다.

    새벽에 눈을 뜨면 책을 들고 블로그에 들어가 글을 필사하거나 내 느낌을 남긴다. 누구에게 보여주기 위한 글이 아니다. 1일 1블로그는 일상이 되었다. 인류의 문명은 기록하는 순간 역사가 되었다. 기록을 등한시하거나 생각만 한 지역의 문명은 한참 뒤처졌다. 소크라테스도 기록했던 플라톤에 의해 성현에 등극할 수 있었다. 개인의 역사도 열심히 산 것으로 끝날 수 있는 여정이 기록에 의해 성장으로 연결되어 진보하는 삶으로까지 이끈다.

글쓰기로 스스로 위로받고 내면의 근육을 키워 회복하는 근력을 기른다. 삶이 단단해지고 주변의 시선 따위에 아랑곳하지 않는 자신이 되어 간다. 자신의 운명까지도 스스로 관장하는 배의 선장이 되어 키를 잡은 자신을 발견한다. 운명의 여신 포르투나가 내 편이 되게 하는 기적은 소소한 것에서부터 시작된다. 읽는 것에서 그치지 않고 필사하고 쓴 것으로 내 생각을 확장하고 버무린다.

쓰기에 관한 책들을 읽다 보면 한결같이 '메모하라'라고 가르친다. 순간 일어나는 내 생각을 놓치지 않고 수첩이나 쪽지에 써 두었다가, 일기장처럼 활용하는 블로그에 옮겨 적는다. 그러한 것들이 쌓이면 나의 기록은 나의 역사가 된다. 무의식이 의식으로 옮겨져 성장에 큰 파도를 그리며 앞날을 비춘다. 남이 알아주지 않아도 나는 알 수 있다. 나의 무의식에서 자꾸 메아리친다.

"너는 잘될 수밖에 없다. 이미 그 궤도에 안착해 큰 원을 돌며 그리고 있다. 큰사람이 되면 무엇이 하고 싶은가?"

이러한 내면의 소리는 글을 쓰면서 들리기 시작한 나의 경험이다. 성공한 사람에게는 자신만이 아는 신호가 있다고 한다. 잘되지 않으면 정말 이상하겠다는 확신이다. 매일 독서하고, 운동하며 일상에 감사하면서 쓰는 사람은 세상도 내 편이 되겠다고 나를 찾는다. 지금을 사는 사람들은 자칫하면 나의 하루를 핸드폰에 뺏겨 자극적인 이슈와 욕망, 쾌락을 좇아 헤매는 하이에나에게 송두리째 넘겨줄 수 있다. 복잡한 세상의 노예로 전락하는 나를 발견하고 싶지 않다면 읽고 쓰고 걷고 뛰는 생동감 넘치는 일상을 세팅하고, 나를 그 바다에 풍덩 빠뜨려 맘껏 헤엄쳐야 한다. 그러면 삶이 지극히 단순해진다. 세상을 믿고 나를 믿으며 나아가기만 하면 되는 인생이 시작된다. 이 좋은 걸 우리가 안 할 이유는 없다.

글을 잘 쓰고 싶었던 황해 홍길주는 꿈속에서도 종종 시문을 지었다고 한다.
"저녁 바람 강 언덕을 돌아나가고, 희끗한 눈산 연못에 떨어지누나."를 꿈속에서 지었다. 연암 박지원을 흠모해 그의 글을 따라잡으려 부단히 노력했다.

"사람이 글을 알면서도 크게 진보하지 못하는 것은 네 글자가 없기 때문이다."라는 말을 친구에게 건넸다. '망연자실'은 황당한 일을 당하거나 인간의 상식으로 받아들이기 어려운 일로 정신이 아득해지는 멍한 상태를 의미한다. 이러한 '망연자실'의 본래 의미를 홍길주는 분발하여 닮으려는 사람의 경지에 다다르게 하는 것을 이르는 말로 둔갑시킨다. 그는 자신을 한계 짓지 않고 '일신우일신日新又日新'하기 위해 애쓰다 진보한 사람이 되었다. (출처: 오우아/박수밀)

쓴다는 것은 삶을 정제하여 다듬고 개선해 가겠다는 의지가 포함된다. 내 삶을 한층 더 업그레이드시키겠다는 의지다. 한 편의 영화 주인공에 그치지 않고 연출가가 되어 제대로 한번 멋진 영화를 만들어보겠다는 호기다. 그것들은 내가 책에서 흠모하던 시선을 훔쳐 와 나를 따라쟁이 하다 급기야 닮게 하는 기적을 선물하는 일도 서슴지 않고 한다.

나의 기록이 나의 테두리를 넘어 타자에게 다가가 작은 씨앗이 되길 원한다. 내가 넘어온 무수한 굴곡진 순간들이 나의 동력으로 사용되는 데 큰 역할이 되어주는 글쓰기가 세상 속에서 빛이 되어주길 꿈꾼다. 나는 꿈통령으로서 이

땅에 사명을 가지고 태어났으며 소명을 다하는 삶을 살고 있다. 삶은 고통이 아니라 멋진 선물임을 혼자만 누릴 수 없어 나는 오늘도 읽고 쓰는 일을 멈출 수 없다.

"지향이 있는 인간은 방황한다."라고 괴테는 『파우스트』를 통해 말했다. 가고자 하는 방향이 있는 인간은 흔들리며 꽃을 피운다. 쓰면서 상기하고 다짐한다. 지금 여기에 머무르지 않고 꽃을 피워 열매를 맺고 온 누리에 향기를 전하는 사람이 되겠다고 나와 손가락을 건다.

쓰는 사람은 분명히 향기가 되어 지역을 건너 한계를 넘어 그들에게 다가가 씨앗을 전할 수 있다. 죽어가는 대지에 푸르름을 다시 되돌리는 마법이 기록의 책이 전하는 울림이다. 미래를 있게 하는 힘, 세대를 이어주는 에너지가 나를 살리고 지구와 우주를 깨우는 거인의 어깨에 올라타 다시 힘차게 비상하려 한다. 세상의 배턴을 무책임하게 넘겨주지 않으려면 정신을 바짝 차리고 알을 힘차게 깨부수고 나와야 한다. 위태롭고 위험한 자본주의 세상의 노예가 되기는 어렵지 않다.

동네 글쓰기 모임과 동네 도서관에서 책을 무료로 받고

진행하는 서평 모임에 참여하고 있다. 글쓰기로 맺어진 인연들이 늘어간다. 읽고 쓰면서 실천하면 세상이 무지개색으로 채색되는 데 작은 힘이 보태어지리라 믿는다. 지역에서 신뢰와 믿음으로 우리는 하나가 되어 따스함을 나눈다.

독립 서점에서 만나는 작가님, 독서를 알리며 선한 영향력을 펼치시는 김원배 작가님, 함께 글을 쓰고 있는 공저 작가님들을 응원한다. 희망찬 세상을 만드는 그들의 반짝임을 존경한다. 함께라서 무척 행복하다.

> "책 없는 방은 영혼 없는 육체와 같다."
> — 키케로 —

03
얼마나 읽어야 인생이 변할까?

― 김원배

'임계점'^{臨界點}, critical point이란 본래 물리학 용어로, 어떤 물질의 구조와 성질이 다른 상태로 바뀔 때의 온도와 압력을 말한다. 다시 말해서 어떤 상태에서 더는 견디지 못하고 다른 상태로 변화하는 한계점이다. 이 개념은 물리학뿐만 아니라 과학, 경제, 경영, 예술 등 다양한 분야에서도 활용된다. 특정 조건에서 변화가 불가피하게 발생하는 시점으로, 이는 경제와 사회 전반에 걸쳐 중요한 영향을 미친다.

가장 쉬운 예로, 물이 끓기 시작하려면 99도가 아닌 100도가 되어야 한다. 단, 1도 차이지만 그 의미는 매우 크다. 임계점은 우리 삶 속에서도 찾아볼 수 있다. 신체적, 정신적

한계를 뛰어넘어 자신의 잠재력을 끌어내는 데 중요한 역할을 한다. 자기 계발을 위한 동기 부여를 위해 사용하는 것이다. 물과 달리 인간의 한계는 사람마다 다르다. 어디까지가 자신의 임계점인지 찾아내는 것은 자신의 몫이고 어떻게 열정을 가지고 노력하느냐에 따라 다른 결과를 얻을 수 있다.

나는 독서와 글쓰기를 통해 임계점을 돌파해 가고 있다. 이전에는 무계획적으로 독서했다면, 이제는 체계적으로 목표를 세워서 독서를 진행하고, 완독 후에는 반드시 리뷰를 작성해 책 읽기를 관리하고 있다. 30대까지 나는 아무 계획 없이 주어진 대로 하루하루를 살았다.

어느 날, 책 속에서 발견한 문장이 내 마음을 움직이게 했다. "자기 운명은 스스로 개척해 나간다."라는 말을 듣고, 대학원을 알아보고 석사 학위와 교사자격증을 취득하게 된다. 40대 중반 진로 교사가 되고서는 나의 미래에 대해서도 꿈을 꾸기 시작했다. 2018년부터 꾸준하게 1년에 100권씩 읽은 독서 덕분에 50대 중반에 와서 나의 재능을 펼칠 수 있는 계기가 된 것이다.

지금 생각해 보면 말도 제대로 할 줄 모르고 내성적이었던 내가 서서히 변할 수 있었던 것은 오로지 글쓰기와 독서 덕분이라고 할 수 있다. 그렇지만 아직 임계점을 돌파하지는 못한 것 같다. 몇 년 정도 더 걸릴 수도 있겠지만, 100도가 되어 물이 끓는 순간이 언젠가는 찾아올 것이라는 믿음으로 꾸준히 읽고 쓰는 중이다.

독자나 청중들은 독서의 효과를 얻으려면 얼마나 많은 책을 읽어야 하는지 궁금해한다. 특히 요즘처럼 바쁘고 시간이 부족한 상황에서 독서하고 글을 쓰는 것은 한계가 있기 때문이다. 모든 사람에게 맞는 단 하나의 정답은 없지만 내가 왜 읽어야 하고, 왜 글을 써야 하는지 목표가 확실해야만 도전하는 것이 가능하다.

나의 변화를 이끌어 내기 위해 독서를 시작했을 때 가장 먼저 고려해야 할 점은, 몇 권을 읽느냐보다 한 권의 책을 읽었을지라도 책 속의 내용들이 나에게 어떻게 공감되고 삶에 연결되는지가 중요하다는 것이다. 독서는 가능한 한 많은 책을 읽어나가기 위한 100미터 달리기가 아니라, 오히려 더 깊이 이해하고 삶에 풍요를 갖기 위해 사색하면서 읽는 마라톤 경기가 되어야 한다.

"사랑하는 돌리! 나는 오늘 저녁에 2시간 동안 창가에 앉아서

분자력의 상호작용 법칙을 어떻게 찾아낼 것인지에 대해서 생각했습니다. 아주 좋은 아이디어가 떠올랐습니다. 내가 일요일에 그 이야기를 해드리겠습니다."

『아인슈타인의 일생 최대의 실수』 책 속에 나오는 문장으로 아인슈타인이 멀리 떨어져 있는 그의 아내 밀레바 마리치에게 쓴 편지 내용이다. 아인슈타인은 특허사무소에서 일과를 마치면 도서관으로 달려가서 책을 읽고, 한두 시간씩 하나의 주제에 대해 사색하면서 연구했다. 독서한 후에는 반드시 사색과 글로 기록해 두는 활동이 필요하다. 그래야 책 속의 지식이 뇌 속으로 들어와서 지혜가 되고 아이디어로 변환되기 때문이다.

지식은 책이 아닌 다른 것으로도 배우고 확장할 수 있다. 요즘에는 유튜브 강좌 또는 평생교육원에서 실시하는 무료 강좌들도 많다. 그런데 책만 한 것은 없다는 생각이 든다. 한 개인이 얻을 수 있는 지식의 한계는 존재하겠지만, 그 작은 것들이 모여 '성장'이라는 모습으로 변하기 때문이다. 지식을 확장하고 싶다면 다양한 분야의 책을 읽으면 된다. 처음에는 별다른 변화를 감지하지 못하겠지만 시간이 지나면 훌쩍 큰 자신을 발견하게 될 것이다.

진로 특강 시간에 "책을 얼마나 읽어야 변할까요?"라며 청중들이 묻는다. "사람마다 다르겠지만 매일 꾸준하게 평생 읽어야 한다."라고 대답한다. 그리고 한마디 덧붙인다. 읽고 싶은 책부터 읽으면서 책과 친밀감을 높이면 서서히 관심의 영역이 확장된다는 것이다.

책 읽기를 통해 얻고자 하는 것이 꼭 거창하고 위대한 작품에만 있는 건 아니다. 소설, 무협지, 판타지 소설 등 어떤 책에서든 얻고자 하는 것을 얻을 수 있다. 베스트셀러 작품들, 수백 년 내려온 고전들에서만 얻을 수 있다는 생각은 일단 접어두자. 내 수준에 맞는 책을 꾸준하게 읽으면서 독서력을 키워나가는 것이 훨씬 효과적인 방법이다.

디즈레일리는 "단 한 권의 책만 읽은 사람을 경계하라." 라고 말한다. 한 권의 책 속에 세상 모든 진리가 숨겨져 있다는 편견을 가질 수가 있기 때문이다. 다양한 책들을 읽으면서 여러 가지 관점을 추구하고, 받아들이게 이해하고, 자신의 지식체계를 만들어 가야 한다.

학교 일과 중에서 틈틈이 책을 읽는다. 성공한 사람들은 책을 통해 얻을 수 있는 무한한 가치를 알고 있다. 눈앞에 보이는 당장의 결과에 얽매이는 책 읽기가 아니라 반복적으로 읽어나가면서 스스로 가치를 창출해 낼 수 있는 독서여야 한다.

책을 얼마나 읽어야 임계점을 돌파할까? 수천 권을 읽어도 변하지 않는 사람들이 더 많다. 왜 그럴까? 꾸준하게 습관을 만들지 못하기 때문일 수도 있고, 책을 읽고 생각하지 않으며 실천하지 않기 때문이다.

삶을 변화시키기 위해 작은 것부터 꾸준히 실천하는 것은 결코 쉽지 않다. 매일 독서를 습관화하더라도 그것이 스트레스로 작용하면 오히려 독이 될 수 있다. 변화를 원한다면 읽고자 하는 의지와 열정을 유지해야 한다. 열정이 식지 않도록 매사에 주의를 기울이며 꾸준히 노력해야 한다.

　독서로 변화를 이루고 싶다면, 우선 책 선정부터 제대로 해야 한다. 서점에 가보면 베스트셀러 코너가 있다. 책을 읽어야겠다고 계획을 세우고 베스트셀러 코너나 인터넷상에서 독서 인플루언서들이 추천해 주는 책들을 중심으로 읽기 시작할 수도 있다. 그러나 나는 이런 방법은 별로 추천해 주고 싶지 않다. 자신만의 선택 기준을 가지고 책을 선정해야 한다.

　처음 읽기를 시작한 사람이 노벨문학상 작품이나 양서라고 하는 벽돌책들을 읽어내기는 어려운 일이다. 책의 서문이나 리뷰를 살펴보면서 내 삶과 연결되고 공감이 되는 책을 선택해야 한다. 쉬운 언어로 쓰인 책들을 먼저 읽음으로써 책을 읽는 뇌로 서서히 바꿔 나가야 한다. 점차 흥미를 가지고 읽으면서 사색하기도 하고, 자신의 삶 속에 녹여 실천해 보는 것도 중요하다.

결국 독서는 얼마나 읽느냐가 아니라, 어떻게 읽느냐가 더 중요한 법이다. 평소에는 바쁘다는 핑계로 책 읽을 시간이 없다고 해서 주말에만 몰아 200~300페이지를 읽는 것은 독서 습관에 별로 도움 되지 않는다. 우리 뇌를 훈련시키고 습관화하기 위해서는 매일 1페이지라도 읽는 것이 더 효과적이라고 할 수 있다. 책을 통해 자신의 임계점을 찾아내고 이를 돌파하는 도전을 시작해 보자. 여러분들의 변화는 이미 그 첫 장을 넘기면서 시작되었다.

> "백지이기 때문에 어떤 지도라도 그릴 수 있습니다. 모든 것이 당신 하기 나름인 것이지요. 모든 것에서 자유롭고 가능성은 무한히 펼쳐져 있습니다. 이것은 멋진 일입니다.
> 부디 스스로 믿고 인생을 여한 없이 활활 피워보시기를 진심으로 기원합니다."
>
> —히가시노 게이고—

04
부담 없이 시작하는 독서를
즐기기 위한 작은 습관

― 박춘이

　독서는 많은 사람이 '해야 할 일' 혹은 '지식 쌓기'로 생각하는 경우가 많다. 나 역시 한때는 독서를 많이 하는 것이 곧 똑똑해지는 길이라고 여겼다. 하지만 어느 순간, 독서의 진정한 가치를 찾기 시작하면서 양적인 독서보다는 질적인 독서가 더 중요하다는 것을 깨닫게 되었다. 독서는 단순히 책장을 넘기는 행위가 아니라, 그 속에서 나만의 지혜를 발견하고 내 삶에 적용하는 과정이기 때문이다.

　독서의 가치는 단순히 양에 있지 않다. 독서를 통해 얻는 경험의 깊이와 통찰이 중요하다. 그렇다면 우리는 어떤 방식으로 책을 읽어야 할까?

'책을 많이 읽는 것'과 '책을 깊이 읽는 것'은 모두 의미가 있다. 많이 읽으면 다양한 주제와 관점에 노출되어 지식의 폭을 넓힐 수 있고, 깊이 읽으면 한 권의 책에서 더 많은 깨달음을 얻을 수 있다. 그러나 중요한 것은 독서의 방식이 아니라 독서를 지속할 수 있는 습관을 만드는 것이다.

나 역시 독서를 많이 하려고 노력하던 때가 있었다. 처음에는 하루에 몇 페이지를 읽어야 한다거나, 한 달에 몇 권을 읽어야 한다는 식의 목표를 세웠다. 목표를 달성하면 뿌듯하기는 했지만, 때로는 책을 즐기기보다 단순히 '완독했다'는 사실만으로 만족했다. 그러다 보니 책의 내용이 머릿속에 남지 않은 채 다음 책으로 넘어가 버리기 일쑤였다. 이후에는 책을 한 권씩 깊이 읽어보려고 노력했다. 인상적인 문장을 발견하면 곱씹어 보기도 하고, 밑줄을 치거나 메모를 하면서 책과 대화를 나누는 듯한 기분을 느꼈다. 그렇게 읽은 책은 오랫동안 내 안에 남아 나를 성장시키는 계기가 되었다.

그러나 현실적으로 매일 깊이 있는 독서를 할 시간이 충분하지 않을 때도 많다. 그래서 나는 '많이 읽기'와 '깊게 읽기'의 균형을 맞추려 노력했다. 어떤 날은 짧은 에세이를 읽으며 감성을 더하고, 어떤 날은 철학적 주제의 책을 천천히 읽으며 생각을 확장했다. 독서는 규칙적이면서도 유연해야 한다는 것을 깨달았다.

독서 모임을 운영하면서 깨달은 것이 하나 있다. 많은 사람이 책을 읽고 싶어 하지만, 독서 습관이 자리 잡지 않아 쉽게 포기한다는 것이다. 독서를 지속하는 데 있어 가장 중요한 것은 자신이 책 한 권을 완독할 수 있다는 자신감을 갖는 일이다. 그래서 나는 '이달의 독서'라는 챌린지 모임을 만들었다. 한 달 동안 일정한 분량을 정해 읽고, 읽은 후에는 타임스탬프를 활용해 사진을 찍고, 책에서 인상 깊었던 구절과 자신의 생각을 정리하여 공유하도록 했다. 이 방식은 책 읽기를 부담스럽지 않게 만들었고, 많은 사람이 꾸준히 독서를 이어가는 계기가 되었다.

또한, 독서할 시간을 확보하는 것도 중요한데, 나는 새벽 기상 모임인 '새끌 줌 공부방'을 운영하면서 새벽 시간을 독서 시간으로 활용하는 것을 추천했다. 실제로 새벽 기상과 독서를 병행한 사람들은 독서 습관이 자리 잡으면서 점

<몰입 두 번째 이야기> 이달의 독서 23기 독서 스케줄표

날짜	독서 범위 (~까지)
12/2월	PROLOGUE
12/3화	1장) 어떻게 살것인가? : 가장 축복받은 삶 까지
12/4수	2장) 몰입을 알면 인생이 잘 풀린다 : 몰입도를 손쉽게 올리는 방법 까지
12/5목	3장) 목표 달성을 이끄는 몰입 효과 : 목표설정이 가져오는 놀라운 효과 까지
12/6금	3장) 목표 달성을 이끄는 몰입 효과 : 잘못된 몰입 까지
12/9월	4장) 천천히 생각하기 (슬로우 싱킹) : 천천히 생각하기 노하우 까지
12/10화	4장) 천천히 생각하기 (슬로우 싱킹) : 잠자는 동안에도 생각은 계속된다 까지
12/11수	5장) 몰입과 영성의 친밀한 관계 : 뇌과학으로 본 영성 까지
12/12목	6장) 아이디어를 위한 몰입 : 몰입과 아이디어의 관계 까지
12/13금	6장) 아이디어를 위한 몰입 : 왜 몰입상태에서 지적능력이 고양될까? 까지
12/16월	7장) 몰입에 대해 자주하는 질문들 : 해결해야 할 문제가 많을땐? 까지
12/17화	7장) 몰입에 대해 자주하는 질문들 : 몰입을 하면 인간관계엔 문제가 없을까? 까지
12/18수	8장) 몰입과 생각하기 지도사례 : 회의식 미팅과 토론식 미팅 까지
12/19목	9장) 몰입과 엔트로피, 그리고 뇌과학 : 나를 움직이게 하는 힘 까지
12/20금	9장) 몰입과 엔트로피, 그리고 뇌과학 : 신념의 뇌과학 까지
12/23월	10장) 몰입으로 인생에 행복엔진을 달아라 : 행복한 삶을 부르는 의도적인 몰입 까지
12/24화	10장) 몰입으로 인생에 행복엔진을 달아라 : 몰입과 행복의 밀접한 관계 까지
12/26목	EPILOGUE 까지
12/27금	끝까지

 박준이 공투맘

📖 발산적 사고를 유도하는 '어떻게?'보다는 수렴적 사고를 유도하는 '왜?'를 활용하는 것이 더 유리하다. 나만 잘하면 된다. 나는 끝까지 포기하지 않고 최선을 다할 것이기 때문에 이 게임의 승자는 결국 내가 될 것이 확실하다. 나는 틀림없이 이 문제를 풀 수 있다.

💬 내가 내 자신을 믿고 최선을 다한다면 몰입이 되지 않을 수 없다. 몰입하여 일을 진행하다보면 당연히 문제의 해답을 찾게 되므로 성공할 수밖에 없다. 하지만 그 과정에서 끊임없는 '왜'라는 질문을 던져야 하고, 거기에서 주눅들지 말고 깊이 파고드는 사고력을 길러야만 한다. 왜에는 정확한 답은 없지만 연결이 되어져서 실마리는 금세 보여진다!!

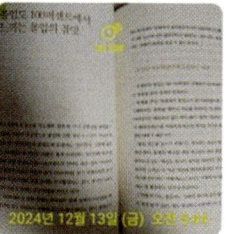

Part 3. 독서, 얼마나 읽어야 할까?

점 더 많은 책을 읽게 되었다. 나 역시 처음에는 새벽 기상을 어려워했지만, 하루를 시작하기 전에 고요한 시간 속에서 책을 읽는 경험이 독서 습관이 자리 잡는 데 큰 도움이 되었다.

독서 습관을 기르는 가장 좋은 방법 중 하나는 일정한 시간을 정해 꾸준히 읽는 것이다. 하루에 10~20분만 투자해도 한 달이 지나면 생각보다 많은 책을 읽을 수 있다. 아침에 일어나서, 혹은 잠들기 전에 책을 읽는 것도 좋은 방법이다.

책을 선택하는 과정도 중요하다. 많은 사람이 두꺼운 고전이나 베스트셀러를 읽으려다가 중도 포기하는 경우가 많다. 이는 책에 대한 부담이 커지기 때문이다. 가벼운 소설, 에세이, 자기계발서 등 자신이 흥미를 느낄 수 있는 책부터 시작하는 것이 좋다. 나는 처음 독서 습관을 들일 때 가벼운 소설을 한 권 정해 매일 한 챕터씩 읽었다. 그렇게 몇 주가 지나자 책 읽는 것이 자연스러운 습관이 되었고, 점점 더 깊이 있는 책으로 확장할 수 있었다. 독서는 즐거운 경험이 되어야 꾸준히 지속할 수 있다.

또한, 독서 목표를 작게 설정하는 것도 효과적이다. 한 달에 책 한 권, 혹은 일주일에 몇 장씩 읽는 등 달성할 수 있는 작은 목표를 세우고 이를 성취하면서 독서 습관을 만들어가자. 처음부터 너무 큰 목표를 설정하면 실패했을 때 실망감이 커지고, 오히려 독서에 대한 흥미를 잃을 수 있다.

틈새 시간을 활용하는 것도 좋은 방법이다. 나는 버스나 지하철을 타고 이동하는 시간, 카페에서 잠시 쉬는 시간 등을 독서 시간으로 활용했다. 스마트폰 대신 전자책 리더기를 이용해 짧은 시간이라도 책을 읽었다. 이런 작은 변화만으로도 생각보다 많은 책을 읽을 수 있었다. 디지털 기기를 활용하면 전자책을 언제 어디서나 읽을 수 있어 바쁜 일상 속에서도 독서를 이어갈 수 있다.

독서 노트를 작성하는 것도 책을 깊이 이해하는 데 큰 도움이 된다. 책을 읽고 인상 깊은 문장을 메모하거나, 그 내용을 요약하고 자신의 생각을 기록하면 책이 더 오래 기억에 남는다. 처음에는 간단한 메모부터 시작해도 좋다. 나는 독서를 할 때 책의 여백에 메모를 남기거나, 읽은 후 노트에 짧은 감상을 적었다. 나중에 다시 보면 그때의 내 감정과 생각이 고스란히 담겨 있어서 매우 의미 있었다. 이러한 기록이 쌓이면 독서의 즐거움을 더욱 깊이 느낄 수 있다.

독서 노트

날짜	책 제목

읽은 페이지

중요한 문장 / 기억하고 싶은 문장 / 새롭게 알게 된 점 / 느낀 점

중요한 키워드

떠오른 아이디어 / 적용해 볼 점

공투맘의 북랜드

독서는 단순한 지식 습득을 넘어, 삶을 성장시키는 과정이다. 중요한 것은 얼마나 많은 책을 읽었느냐가 아니라, 독서를 통해 내가 어떻게 변화하고 성장했느냐이다. 하루 10분이라도 책을 읽는 습관을 들이고, 자신만의 독서 리듬을 찾아보자. 책을 통해 나를 발견하고, 성장하는 즐거움을 느낄 수 있을 것이다.

독서는 양으로 말하지 않는다. 생각의 깊이가 중요하다.
-존 밀턴-

05
진실한 변화를 끌어내는 힘

— 김은미

독서는 시공간을 초월하는 가장 안전한 모험이다. 독서의 힘은 이미 세상에서 사라진 수많은 현자, 학자, 사상가들을 만나서 대화할 수 있으며, 현재 내가 직면하는 문제들에 해답을 주고 미래를 꿈꾸게 하는 것이다. 독서를 통해 인간은 안전하고 수월하게 간접 경험을 하고 지성인의 지식을 흡수한다. 그래서 우리는 늘 책을 가까이하는 사람, 책을 많이 읽는 사람이 되길 바란다.

독서의 양과 관련하여 유명한 문구가 있다.
"한 분야와 관련하여 제대로 알고 싶으면 30권의 책을 읽고, 그 분야의 전문가가 되고 싶다면 100권의 책을 읽어라."

많은 사람이 이 말을 가슴에 새기고 새로운 분야를 학습할 때 실천하고 있으며, 실제로도 효과를 보는 방법이다.

그런데 책을 많이 읽는다고 모두 변화할까? 책을 많이 읽어서 지식은 축적할 수 있으나 삶이 변화되지는 않는다. 오히려 다독이 독이 될 때도 있다. 닥치는 대로 읽는 것과 잘 읽지 않는 것은 비슷하다. 책을 많이 읽었지만 잘못 읽는 무지한 자 - 소포모어(지식과 어리석음을 동시에 지닌 자) - 가 되지 않으려면 독서를 통해 깨달음에 따른 배움으로 나아가야 한다.

깨달음은 누군가의 가르침을 통해 배우는 것이 아니라, 스스로 연구하고 조사하며 그에 따른 깊은 사고의 과정으로 이르는 것으로서 교사 없이 배우는 것이다. 그런데 자신의 관심사와 신념에 일치하는 글만을 수용하고, 자신의 신념과 다른 글은 배척한다면, 깨달음과 변화는커녕 독선과 오류를 배출할 뿐이다.

그 예로 옛 소련의 독재자였던 이오시프 스탈린을 들 수 있다. 그는 수많은 책을 읽은 독서광이었지만, 오히려 편협

한 독서로 사고가 한쪽으로 치우치는 결과를 낳았다. 스탈린은 자신의 이념과 가치관에 맞는 책을 주로 읽었으며, 책을 읽을 때마다 그 자체로 존중하지 않고 자신의 사상에 비추어 어긋나는 점이 있으면 비웃음과 노골적인 욕설을 적었다. 자신의 신념에 부합할 때는 찬탄의 문구를 적어둔 스탈린은 다독자였으나, 철저히 자기중심적인 책 읽기를 하였다. 그는 다독가였으나 역사는 그를 국민의 고통을 외면하고 억압한 독재자로 평가하고 있다.

스탈린의 사례에서 보듯이 얼마나 많은 양의 책을 읽었는가를 중시하는 다독은 인간을 지성인으로 성숙시켜 주지 못한다. 숫자에 얽매여 읽은 책의 권수만 헤아린다면 진정한 책 읽기를 했다고 볼 수 없다. 그렇게 읽은 책의 내용은 단순한 정보 수준에 머물러 있다가 내면에서 지식화되지 못하고 스쳐 가는 바람처럼 허무하게 사라질 뿐이다.

우리는 독서를 통해 사유하고, 신념을 세우며, 실천하는 삶으로의 변화가 일어날 만큼 읽어야 한다. 때론 독서를 통해 위로를 받고 사그라들었던 열정을 다시 불피우기도 한다. 그래서 '얼마나'보다 '어떻게 읽어야 삶에 변화가 일어날까?'를 고민해야 한다. 글을 읽고 실천할 수 있을 만큼의 독서가 필요하다.

정보를 지식으로 내면화하고, 지혜로 승화하기 위해 글의 참뜻을 바르게 파악하는 정독과 함께 필요를 채워주는 독서, 살아갈 힘이 되는 생존 독서에 그 해답이 있다. 정독에 대해서는 이 책의 다른 부분에서 다루고 있으므로, 여기서는 필요를 채워주는 독서와 살아갈 힘이 되는 독서를 다루고자 한다.

실질적 필요를 채워주는 독서는 삶의 기쁨을 끌어낸다. 필자는 사회 초년생 시절 수영을 너무나 배우고 싶었다. 그러나 내가 사는 지역의 수영장에는 직장인을 위한 강습 과정이 많지 않았고, 비용 또한 비싸서 신청할 엄두가 나지 않았다.

그러던 어느 날, 우연히 방문한 서점에서 『정통 수영』이라는 책을 보게 되었다. 현대 레저 연구회에서 만든 이 책은 학창 시절에 보았던 체육 교과서처럼 그림과 설명이 나와 있고, 분량이 보통 체육 교과서의 3배 두께였다.

'책으로 수영을 배운다는 게 과연 가능할까?', '책의 가격이 제법 되는데 괜히 돈만 버리는 건 아닐까?', '그래도 누군가는 이걸 보고 성공할지도 모르잖아?' 불가능과 호기심 사이에서 고민하던 나는 수영을 꼭 배우고 싶었고, 책의 가격이 조금 비싸더라도 책으로 수영을 습득할 수 있다면 훨씬 이득이라는 생각에 책을 구매했다.

『정통 수영』은 실용서보다는 이론서에 가깝게 느껴져 내용이 흥미롭지는 않았다. 책을 읽으면서도 "책으로 수영을 배우는 게 정말 가능할까?"라는 질문을 하며 반신반의하는 마음이 계속 들었다. 그래도 이것 이외의 해결책은 없으니 일단 열심히 읽었다.

먼저 '물에 뜨기' 부분을 반복해서 읽고, 주말에 수영장에 가서 실제로 시도해 보았다. 초반 몇 번은 겁을 먹은 상태여서 그런지 물속에 들어가서 고개를 담그고 발을 올리면 계속 가라앉았다. 번번이 가라앉으면서도 책의 내용을 상기하며 계속 도전했다. 그러다 어느 순간 몸에 힘을 빼는 것에 성공하고 물에 뜨기 시작했다. 이후로 '발차기'와 '고개 숙이고 앞으로 나아가기'에도 도전하였고 성공했다. 그러나 '고개 들고 앞으로 나아가기'는 혼자서 하기에 매우 고난도의 단계였다. 때마침 회사 업무가 바빠져 충분한 시간을 내기가 어려워져서 그만두게 되었다.

20대의 치기 어린 도전이었지만 그때의 경험을 떠올릴

때마다 슬며시 웃음이 난다. 진짜로 책의 설명과 그림만을 보고 물에 뜨기와 발차서 앞으로 나아가기가 됐을 때 "이게 진짜로 된다니?" 하며 신기하고 스스로 뿌듯했기 때문이다. 그간 무협 영화에서 주인공이 무술 비급을 찾아 연마하면서 초절정 고수가 되는 부분을 볼 때마다 허무맹랑한 설정이라고 생각했었다. 물론 운동은 숙련된 교사에게 직접 배우는 것이 가장 안전하고 좋다. 하지만 현실이 뒷받침되지 못했을 때 책은 좌절하지 않고 시도해 볼 수 있도록 돕는 좋은 친구가 되기도 한다.

요즈음 새롭게 대두되고 있는 생존 독서의 개념은 다양하다. 여러 의미 중 나에게는 세상을 살아갈 힘을 주는 독서라는 의미로 다가온다. 도저히 버틸 수 없을 것 같은 시기에 독서는 우리에게 살아갈 힘을 주고, 좌절한 우리를 일으켜 주는 좋은 친구이자 교사이다.

프란츠 카프카는 친구에게 보내는 편지에서 "책이란 꽁꽁 얼어 버린 바다를 깨트리는 도끼여야 한다."라고 했다. 독서는 일상의 무게에 짓눌린 우리의 정신을 깨워준다. 무수한 독서의 도끼질이 얼음을 부수고 녹이면 거침없이 항해할 수 있는 바다가 모습을 드러낸다.

나는 초등 저학년 이후로는 그림 동화책을 읽을 일이 없었다. 성인이 되어 가정을 꾸리고 아이들이 자라면서 그림 동화책을 다시 접하게 되었다. 처음에는 아이들을 잘 키워내고자 하는 바람으로 읽었으나 어느새 동화책은 나의 얼음을 부수는 도끼가 되어 있었다.

아이들은 날마다 고사리손으로 들 수 있는 만큼 양껏 동화책을 들고 와서 읽어달라고 졸라댔다. 초반에는 살림과 육아가 버거워 서너 권 읽는 것도 힘겨웠다. 그런데 아이들이 동화책 읽어주는 시간을 정말 좋아하는 것을 보고 더 재밌게 읽어주고 싶은 욕구가 생겼다.

그래서 동화구연 기법을 적용하여 읽고, 보물찾기하듯 그림을 꼼꼼하게 살피며 이야기 나누면서 내가 먼저 동화책 속에 몰입하게 되었다. 아이들 덕분에 매일 한 시간 이상 동화책을 읽으면서 동화책의 매력에 푹 빠졌다. 몇 년간 꾸준히 동화책 읽기를 하면서 일과 살림, 육아에 지쳐 단단하게 얼어붙었던 내 마음은 잘게 쪼개지고 말랑해졌다.

잃어버렸다고 생각했던 순수의 싹을 다시금 발견하고 나 자신과 자녀들, 주변인들을 따뜻한 시선으로 바라보기 시작하자 삶이 세워지기 시작했다. 상상력이 다시 돌아가면서 삶이 즐거워졌다. 어린 시절에는 다양하게 읽어보지 못했던 동화 속의 따뜻한 이야기들이 어른이 된 나의 마음을 흠뻑 적신 덕에 세상을 헤쳐 나갈 힘이 생겼다.

　이렇듯 독서는 반드시 변화를 수반한다. 책을 읽기 전의 나와 책을 읽은 후의 나는 엄연히 다르기 때문이다. 그러므로 삶의 변화를 원하는 사람은 우선 읽어야 한다. 저자와 데이트하듯이 즐겁게 집중하여 읽고, 자신에게 꼭 필요한 분야의 독서를 하면 넘어질 때 다시 일어서서 살아가는 힘을 얻을 수 있을 것이다.

　한 사람 한 사람이 독서의 참맛을 알게 될 때 우리 사회는 더욱 따뜻하고 아름다우며 안전하고 정이 넘치는 사회가 될 것이다. 독서는 이루는 것이 아니다. 독서는 언제나 변화의 시작점이다.

한 권의 책을 읽음으로써
자신의 삶에서 새 시대를 본 사람이 너무나 많다.
― 헨리 데이비드 소로 ―

06
내면의 우주를 밝히는 독서
: 인공지능 시대, 얼마나 읽어야 할까

– 한인신

1. 인공지능 시대, 다독으로 사고의 폭을 넓히다

인공지능AI 기술이 비약적으로 발전하면서, 인간이 하던 많은 업무가 자동화되고 있다. 데이터 처리나 패턴 분석 능력에서 AI는 이미 인간을 능가하는 듯 보인다. 인터넷 검색만으로 방대한 정보를 얻을 수 있으며, 기계 학습을 통해 AI는 지속적으로 진화한다.

이런 상황에서 인간이 경쟁력을 유지하고 주체적으로 살아남기 위해서는 무엇에 주목해야 할까? 창의적 사고, 비판적 판단, 윤리적 고려, 다양한 관점을 조합하는 능력– 이 모든 것은 여전히 인간에게 남은 고유한 영역이다. 그리고 이러한 역량을 기르는 가장 효과적인 방법 중 한 가지가 바로 '독서'다.

특히 '다독多讀'은 생각의 지평을 넓히고 사고의 틀을 확장하는 기본 토대다. 하나의 분야, 한 가지 관점에 머물지 않고 다양한 분야의 책을 탐독하는 행위를 통해 우리는 새로운 지식을 계속 흡수하게 된다.

조선 시대 학자 정약용이 유배지에서 아들 학연에게 "머릿속에 5,000권 이상의 책이 있어야 세상을 제대로 볼 수 있다."라고 당부한 이야기는 이를 상징적으로 보여준다. 그는 폐족 신세에 처한 상황에서도 독서를 통한 지식 축적과 시야 확장을 강조했다. 이는 단순히 학문적 유산을 남기기 위한 조언이 아닌, 어떤 환경에서도 독서가 인간에게 길을 터주는 중요한 활동임을 역설한 것이다.

역사적으로 다독을 실천한 인물들은 많다. 나폴레옹은 원정길에도 수백 권의 책을 마차에 싣고 다녔고, 세인트 헬레나 섬 유배지에도 2,700여 권의 장서를 구비했다. 김대중 전 대통령은 1만여 권의 책을 통해 사상의 깊이와 폭을 확장했고, 움베르토 에코는 5만 권 이상의 장서를 자랑하며 인문학적 통찰을 발휘했다. 일본의 독서가 다치바나 다카시가 3만 5,000권의 장서로 가득 찬 '고양이 빌딩'에서 살아가는 풍경은, 책이 일상 그 자체가 될 때 어떤 지적 자양분이 형성되는지 보여준다. 빌 게이츠나 워런 버핏, 오프라 윈프리 같은 인물들도 다독을 통해 자신의 분야를 넘어 끊임없이 새로운 아이디어와 통찰을 얻어왔다.

일부 독서가들은 다독을 위해 구체적 독서량을 제안한다. 정약용의 5,000권, 사이토 다카시의 4년간 문학작품 100권과 교양서 50권(총 150권), 이지성의 1년 365일 독서법, 김병완의 5,000권 임계점, 안상헌의 3,000여 권 경험 등은 독자에게 단순한 목표 수치 이상의 의미를 갖는다.

이러한 수치는 독서에 대한 동기 부여와 방향 설정의 기준점이 된다. 막연히 "책을 많이 읽어야 한다"라는 추상적 조언보다, 일정 기간 동안의 구체적인 목표 제시는 책을 읽기 시작한 이들에게 큰 의욕을 북돋운다. 또 이미 독서를 즐기는 사람들에게는 지속적으로 독서량을 유지·확대하는 자극제로 작용한다.

지식과 정보가 폭발적으로 증가하는 현대사회에서 다독은 단순한 정보 습득 이상의 의미를 갖는다. 100년간 축적된 지식보다 최근 몇 년간 새로 생산된 지식이 몇 배나 많을 정도로 세상은 빠르게 변한다. AI 시대에 우리가 맞닥뜨리는 문제와 현상은 과거와 다른 양상으로 펼쳐진다.

이런 환경에서 다독은 다양한 분야를 넘나드는 사고 유연성을 확보해 준다. 마치 다양한 공구를 갖추는 장인이 새로운 문제에 맞닥뜨렸을 때 적절한 도구를 꺼내 활용하듯, 광범위한 독서 경험은 인류가 축적한 방대한 지식 저수지에 자유롭게 접근할 수 있는 열쇠가 된다.

또한 다독은 창의성의 기초다. 다양한 주제의 책을 읽는 과정에서 우리는 서로 다른 개념을 연결하고, 예기치 못한 조합을 시도하며, 새로운 관점에서 문제를 바라보게 된다. 하워드 가드너Howard Gardner가 말하듯 인간 지능은 다중적이며, 이를 발전시키려면 다양한 지식을 접하는 경험이 필수적이다.

다독은 이러한 다중 지능을 강화하는 촉매제가 된다. AI가 기존 패턴을 학습하고 문제를 해결하는 데 탁월하더라도, 전혀 다른 영역의 지식을 융합해 독창적 아이디어를 만들어내는 능력은 인간의 몫이며, 이는 다독을 통해 풍부해진 지식 기반 위에서 꽃피운다.

2. 깊이 읽기로 사고의 심도를 더하다

다독으로 사고의 폭을 넓히는 것이 AI 시대에 필수적이라면, 그다음 단계로 중요한 것은 '깊이 읽기深讀'다. 단순히 양적으로 많은 책을 읽는 것에 그치지 않고, 특정 주제에 대해 천천히 사유하고 의미를 음미하며, 책 속 아이디어를 비판적 관점에서 재구성하는 능력이 필요하다. 왜냐하면 AI가 아무리 뛰어난 정보 처리 능력을 발휘한다 해도, 그 정보를 어떻게 활용하고, 어떤 가치를 추출하며, 윤리적·인문학적 판단을 내릴지는 인간에게 달려 있기 때문이다.

니콜라스 카Nicholas Carr는 『생각하지 않는 사람들The Shallows』에서 정보 과잉 시대에 오히려 사고력이 얕아질 수 있음을 경고했다. 많은 정보를 빠르게 소비하기만 하면, 깊은 사유 없이 단편적인 지식 파편들만 쌓여갈 뿐이다. 이러한 얕은 이해는 복합적인 문제 해결이나 창의적인 아이디어 도출에 도움이 되지 않는다.

반면 깊이 읽기는 한 권의 책, 한 가지 주제에 시간을 들여 몰입함으로써 사고를 심화한다. 책 속 개념을 비판적으로 분석하고, 배경 지식을 통합해 새로운 통찰을 얻는 과정은 단순한 정보 처리 이상의 두터운 사고 구조를 형성한다.

심리학자 매리언 울프Maryanne Wolf는 기술 발전 속에서 점점 부각되는 '깊이 읽기'의 중요성을 강조한다. 디지털 시대, 사람들은 짧고 자극적인 정보에만 집중하기 쉽고, 이로 인해 깊은 생각에 필요한 시간과 인내심을 잃어버릴 위험에 놓여 있다. 깊이 읽기는 이러한 함정에 빠지지 않고, 정보를 통합하고, 창의적 사고와 복합적인 판단을 하게 한다. 존 듀이John Dewey 역시『민주주의와 교육』에서 깊은 사고가 민주주의 발전과 사회 변화에 필수적이라고 역설했다. 깊이 있는 독서를 통해 시민은 더 나은 결정을 내리고, 책임 있는 선택을 할 수 있는 역량을 갖출 수 있다.

깊이 읽기는 정보 습득을 넘어, 그 정보를 자신의 삶과 경험으로 연결하는 과정이다. 한 권의 철학서나 역사서를 천천히 읽으며, "왜 이 주장이 탄생했을까?", "이 관점은 다른 시대나 문화와 어떻게 어우러질까?", "나의 경험이나 가치관과 결합하면 어떤 새로운 해석이 가능할까?"라는 질문을 던지게 된다. 이런 질문들은 단순히 지식을 축적하는 것을 넘어, 생각을 재해석하고 확장하는 계기가 된다. 철학자 소크라테스Socrates가 "질문하지 않는 삶은 살 가치가 없다."라고 했듯, 질문하는 독서야말로 능동적인 사고 활동을 촉진한다.

AI가 무한한 데이터를 제공하더라도, 그 데이터를 어떻게 이해하고 활용할지 결정하는 것은 인간이다. 자율주행 자동차가 교통사고를 낳았을 때, 책임 소재를 어떻게 판단하고 해결할지 결정하는 일은 인간의 윤리적 판단에 달려 있다.

빌 게이츠가 매년 수백 권을 읽으며, 철학적·인문학적 도서에 집착하는 이유도 여기에 있다. 그는 빠르게 정보를 소비하기보다는 메모하고 생각을 정리하며 깊은 통찰을 키운다. 작가 김훈이 "책을 읽는다는 것은 단순한 정보 습득이 아니라, 그 속에 담긴 진리를 찾는 과정"이라고 말한 것도 같은 맥락이다. 이런 독서 태도가 바로 깊이 읽기가 주는 가치다.

다독과 깊이 읽기는 상호 보완적 관계에 있다. 다독을 통해 축적된 방대한 지식의 바탕 위에서 깊이 읽기를 하면, 우리는 그 지식을 체계적으로 재정비하고 의미 있는 형태로 통합할 수 있다. 반대로 깊이 읽기를 통해 사고력을 단련한 독자는, 다독 과정에서 접하는 새로운 정보들을 더 쉽게 소화하고 자신의 것으로 만들 수 있다. 두 전략은 AI 시대에 인간이 발휘할 수 있는 고유한 장점을 극대화하는 데 중요한 축을 이룬다.

아울러 독서는 인간의 정체성과 존엄성을 지키는 수단이기도 하다. 김영하는 『읽다』에서, 빅 데이터의 한 점으로 환원되는 세계에 맞서는 힘이 독서에서 온다고 말했다. 마치 겹겹이 쌓인 크레페 케이크처럼, 독서는 무미건조한 현실 위에 정신적 경험의 층위를 형성하고, 나만의 작은 우주를 건설하게 한다. 이 내면의 우주는 데이터로 환원되지 않는 인간다움을 가능하게 하며, 창의적 사고와 비판적 판단을 통해 AI 시대에도 인간이 빛날 수 있는 조건을 마련한다.

인공지능 시대에 인간은 단지 빠른 정보 처리나 기계적 계산 능력으로 승부할 수 없다. 다독을 통해 다양한 분야의 지식을 폭넓게 흡수하고, 깊이 읽기를 통해 그 지식을 체계적으로 내면화하며, 비판적이고 창의적인 사고력을 키우는 과정이야말로 우리가 AI를 넘어서는 길이다. 이 두 가지 독서전략은 우리의 내면에 겹겹의 지적 단면을 형성하고, 그 층위들 사이에서 번뜩이는 아이디어와 통찰을 탄생시킨다.

AI는 정보를 제공하고, 패턴을 찾아내며, 효율적인 해결책을 제시할 수 있다. 그러나 어디로 나아갈지, 무엇을 위해 노력할지, 어떤 가치를 지향할지 결정하는 건 인간의 몫이다. 독서를 통해 쌓은 풍부한 지식과 깊은 사고력은 우리가 데이터로 환원되지 않는 고유한 존재로서 존엄과 의미를 유지할 수 있게 한다. 인간이 인간다움을 유지하며 성장하기 위해서는 끊임없이 책을 펼치고, 읽고, 사유하는 시간이 필요하다.

"현실의 우주가 빛나는 별과 행성, 블랙홀 등으로 구성되어 있다면, 크레페 케이크를 닮은 우리의 작은 우주는 우리가 읽은 책으로 구성되어 있습니다.
그것들이 조용히 우리 안에서 빛날 때, 우리는 데이터로 환원하는 세계와 맞설 존엄성과 힘을 가질 수 있을 것입니다."

― 김영하, 『읽다』 중에서 ―

Part 4

나만의 **독서 노트** 가져 볼까?

01
가족이 함께 쓰는 문지기 독서 노트

– 송숙영

학기 초, 전교생에게 독서의 중요성을 설명한 뒤 우리 학교만의 노하우가 들어간 독서 노트를 배부한다. 아이들의 문해력 향상은 물론 책 읽는 학교 문화를 만들기 위해 야심 차게 도입한 교육 프로그램이다.

한 학기가 지나고 학생들에게서 독서 노트를 수거한다. 노트에 기록된 것을 근거로 개인별, 학급별 다독상을 시상하기 위해 펼쳐 보면, 초등학생보다도 못한 문장력과 AI도 울고 갈 3줄 요약의 달인들만 가득해 시상이 무의미해지는 상황도 종종 발생하곤 했다.

이러한 상황은 가정에서도 동일하게 발생한다. 부모님들

은 서울대 필독서, 청소년 필독서, 분야별 베스트셀러 등을 열심히 조사해 자녀에게 좋은 책을 권해주지만, 아이의 방에는 먼지만 뽀얗게 쌓인 책만 가득할 뿐이다.

내 아이가 책을 읽고 기록하는 습관을 가지려면 어떻게 지도해야 할까?

이런 고민에 빠진 학부모라면 노션Notion을 활용해 가족이 함께 쓰는 독서 노트를 만들어 볼 것을 권한다.

노션(Notion, https://www.notion.com)은 블록과 페이지를 사용해 협업할 수 있는 기능을 제공하는 툴이다. 어떻게 사용하는지 모른다면 검색창에 "노션 독서 노트 공유"를 입력하면 된다. 검색 결과 중에서 자신이 가장 편하게 활용할 수 있는 독서 노트의 양식을 골라 오른편 상단의 복제하기 버튼을 누르면, 편리하게 독서 노트 양식을 이용할 수 있다.

마음에 드는 독서 노트를 복제했다면 그대로 사용해도 좋지만, 우리 가족이 사용하기 편리하게 메뉴들을 편집할 수도 있다. 나는 요즘 아이들의 '3줄 요약' 능력을 십분 활용해 가족이 함께 쓰는 '문지기 독서 노트'를 만들어 활용하고 있다.

'문지기 독서 노트'의 원리는 다음과 같다.

- **문: 문장 쓰기** – 오늘 하루 책을 읽고 가장 기억에 남는 문장과 페이지를 기록
- **지: 지혜를 넓혀주는 단어** – 책 속에서 생소했던 단어와 의미를 찾아 기록
- **기: 기록** – 책을 통해 떠오르는 아이디어 기록

<mark>예시) 책 : 10대를 위한 공정하다는 착각</mark>

- **문: 문장** – p17 능력주의를 완벽히 따르기만 하면, 또 입시 부정 없는 시험으로 합격을 결정하면 대학 입시는 완전히 공정해질까요?
- **지: 공정** – 공평하고 올바름
- **기: 기록** – 평등과 공정을 외치지만 개인이 가진 환경이나 조건이 다르기 때문에 모든 것을 평등하게 만들 수 없다.

다음은 위 세 가지 활동을 할 수 있도록 간단하게 구성한 독서 노트 양식이다.

〈가족이 함께 쓰는 3줄 독서 노트(예시)〉

진행	책 제목	저자	출판사	분야
완료	돈의 심리학	모건 하우절	인플루엔셜	경제/경영
시작일	완독일	별점	3줄요약	
2024. 12.05	2025. 01. 30.	★★★	부를 얻고 싶다면 인간의 심리를 알아야 한다. 돈에 대한 생각을 바꿔주는 책.	

진행	책 제목	저자	출판사	분야
읽는 중	어린왕자	생텍쥐페리	신라출판사	소설
시작일	완독일	별점	3줄요약	
2025. 02.01	2025. 02. 15.	★★★★★	내 마음 속 순수한 아름다움을 찾아주는 책.	

진행	책 제목	저자	출판사	분야
완료	불편한 편의점	김호연	나무옆의자	문학
시작일	완독일	별점	3줄요약	
2025. 02. 10.	2025. 02. 15.	★★★★	행복은 멀리 있지 않고 주변 사람들과 마음을 나누는 것이다. 소통이 필요함을 알게 하는 책.	

문지기 노트에서 가장 핵심은 자녀가 혼자 읽도록 독서 노트 양식을 제공만 하는 것이 아니라, 가족이 함께 기록해야 한다는 점이다. 노션 오른편 상단에는 '공유' 기능이 있다. 가족에게 초대 링크를 보내거나 메일 주소를 입력해, 함께 공동 작업을 할 수 있도록 권한을 부여하면 함께 쓰는 독서 노트를 완성할 수 있다.

함께 독서 노트를 기록할 수 있는 환경이 만들어지면 자연스럽게 독서하는 가족 문화가 만들어질 수 있다. 구성원들 모두가 책을 읽고 기재하며 서로의 생각에 댓글을 달면 가족 간의 소통이 활발해질 수 있다. 또한 우리 아이가 어떠한 단어나 문장에서 이해하기 힘들어했는지 자연스럽게 파악하면서 문해력 수준을 점검할 수 있다. 더불어 우리 아이가 선호하는 장르가 무엇인지, 언제 어떤 책을 읽었는지 확인할 수 있고, 편리하게 검색해서 내용을 찾을 수 있다.

한 권의 책을 하루 3줄 요약하는 활동이지만 3줄이 계속 쌓이다 보면 어느새 책을 완독하게 되고 여러 장과 아이디어가 모인 풍성한 가족 독서 창고가 만들어질 수 있다. 이 가족 독서 창고를 계속 활용한다면 대입까지도 자연스럽게 대비할 수 있는 자료가 만들어진다.

2024학년도 대입부터 생활기록부 독서 활동 항목이 대입에 미반영 되고 있지만, 여전히 생활기록부의 여러 항목에서 독서를 활용한 깊이 있는 탐구와 사고력을 확장한 탐구 과정을 보여주어야 한다. 이 때문에 몇몇 학생들은 책을 읽지도 않고 인터넷에서 짜깁기한 독서 노트를 가져와 생활기록부에 기재해 달라고 요구한다. 그러나 이런 학생들은 입학 사정관들의 예리한 눈을 피해 갈 수 없다. 깊이 있는 탐구가 보이지 않을뿐더러 면접에서 탄로 나기 때문이다.

몇 년 전부터 대입 면접 후기를 들어보면 독서에 대한 입학 사정관들의 면접 질문이 매우 날카로워졌다는 생각이 든다. 다음은 실제 대입 면접에서 나왔던 질문이다.

면접에서 책 제목은 밝히지 않은 채,
"○○에 대한 주제로 책을 읽었다고 기록되어 있는데 소개해 볼까요?"
"○○을 주제로 한 책에서 3가지를 강조하는데 설명해 볼까요?"
"진로 결정이나 자신의 인생에 영향을 미친 책 2권과 궁금증을 해소한 과정을 소개해 볼까요?"
라는 질문을 했다. 정말 읽지 않았다면 답변하지 못할 수준의 질문으로 수험생의 역량을 제대로 파악하겠다는 면접관들의 의도를 알 수 있다.

아이와 함께 꾸준히 독서 활동을 하지 않는다면 대입의 문턱에서부터 크게 후회할 날이 다가올지도 모른다. 나아가 기초적인 단어의 뜻조차 몰라 회사에서 업무를 제대로 수행하지 못해 쩔쩔매는 상황이 다가올지도 모른다.

내 자녀에게 좋은 유산을 물려주고 대입은 물론, 사회에서 자기 몫을 해내는 진정한 성인으로 성장시키고 싶다면,

아이와 함께하는 문지기 독서 노트를 활용해 보기 바란다.

"한 문장이라도 매일 조금씩 읽기로 결심하라.
하루 15분씩 시간을 내면 연말에는 변화가 느껴질 것이다."

— 호러스 맨 —

02
나만의 독서 노트
– 김수연

　어릴 적부터 활자를 좋아했다. 어디서든 무엇이든 읽었다. 아이러니하게도 집에는 책이 없었다. 가난한 탓도 있었으나 오빠, 언니가 책을 좋아하지 않았던 탓도 있었으리라 생각한다. 일기 쓰는 것도 좋아했다. 쓰면 슬픔이나 고통이 옅어지고 기쁨이 배가 됐다. 어릴 적 꿈이 문구점 주인이었다. 지금도 펜이나 노트를 사는 즐거움이 명품 백 구매의 기쁨보다 앞선다. 책을 즐겨 읽기 시작하며 좋은 문장을 종이에 열심히 적었다. 노트 한 권이 금방 채워지고 팔이 너무 아파 하루, 이틀 쓰기를 멈춘 기억도 있다.

학창 시절 공부를 열심히 하지 않았고, 신나게 놀아본 기억도 없다. 그런 내가 10년 전 우연한 기회에 책을 만났다. 그동안 필사한 노트를 쌓아두었다면 500권은 족히 넘으리라. 첫 공저를 쓰고 블로그를 시작했다. 책 홍보로 시작했으나 지금은 나의 독서록과 일상이 만나 오롯한 개인의 역사가 되었다.

아침에 눈을 뜨면 책과 함께 폰으로 블로그를 시작한다. 하루의 시작이다. 자칫 느슨해지거나 무기력해질 수 있는 하루가 알차게 시작된다. 자투리 시간에 읽은 책의 문장을 옮겨 적는다. 누구에게 보이기 위한 기록이 아니라 오롯이 나만을 위한 성장, 치유의 기록 공간이다. 어떤 책은 여러 날을 장식하고, 어떤 날에는 여러 권의 책 리뷰를 올리기도 한다.

다양한 독서 모임에 참여하다 보니 책 감상문이 큰 도움이 된다. 시간이 지나 잊고 있었던 책 줄거리나 감동 글귀와 감상이 빼곡히 적혀 있는 걸 찾아, 독서 모임원들과 이야기 나누며 또다시 작가와 책에 감동한다. 재독할 때의 느낌과 함께 나의 성장을 부채질하는 순간이다.

생각은 쉽게 잊히나 블로그의 글들은 언제나 그 자리에서 주인을 환영한다. 다음 책을 출간할 때 큰 힘이 되리라는 기대와 함께 쓰고 또 쓴다. 지금이 모여 하루가 되고 일 년이 모여 인생이 되는 여정에서 소중한 자산이 되었다. 공책에 쓰는 것도 게을리하지 않는다. 샤프보다 연필로 쓰는 느낌을 사랑한다.

사랑하는 엄마의 죽음으로 슬퍼서 읽었다. 읽으면 슬픔의 고통이 책 뒤로 숨었다. 책은 언제나 나에게 위안과 치유를 선물했다. 타인에게 상처받는 말을 들었을 때도 책은 가장 친밀하고 은밀하게 "그래도 괜찮아. 너는 참 괜찮은 아이야."라고 말을 건넸다. "부족한 사람으로 태어났지만, 세상에 완벽한 사람은 없어. 노력하는 사람이니까 그것으로도 멋져." 언제나 내 편에서 응원을 아끼지 않았다. 그래서 나는 읽고 또 썼다.

10년을 죽어라 읽었더니 나만의 독서 스타일을 만들게 되었다. 한 권이라도 제대로 읽어서 소화시켜 보자는 욕심이 생겼다. 무작정 읽을 때도 독서력과 문해력이 늘어나며 내면이 성장하는 것이 느껴졌다. 다독이 임계점에 도달할 즈음 정독이 살며시 고개를 들었다. 이제 작가를 깊이 만나고 작품을 내 안에서 숙성시키고 발효시켜 알에서 거듭 깨어나는 경험을 원한다.

두 번째 공저 작가들과 필사를 하고 있다.『내가 네 번째로 사랑하는 계절』, 한정원 작가의 신간이다. 한 권 전체를 필사한다. 사람과 함께하는 일이 필사라니 멋지지 않은가? 게다가 곧 있으면 함께 필사하는 벗의 아름다운 양평 집에서 한정원 작가를 만나, 그녀의 이야기를 들으며 삶을 나눌 시간도 준비되어 있다. 이런 순간을 통해 내 마음에 침입한 작가님들이 내 마음의 별이 되어 언제나 나를 밝혀 준다.

초서 독서는 손으로 읽는 독서를 말한다. 책을 읽으며 베껴서 기록하고, 자신의 생각을 더하여 기록하는 것을 의미한다. 입으로 소리 내서 읽고, 눈으로 읽고, 손으로 읽는 독서를 옛사람들의 독서법에서 배운다. 책에서 책벌레들의 이야기를 읽으면 그렇게 반가울 수 없다.

이덕무는 조선 시대의 책벌레 중 한 사람이다. 오감을 동원하여 이해와 기억을 돕는 독서법을 권장한다. 그들의 열정적인 독서법에 감동하며 흉내 내다 보면, 사색하는 과정을 통해 읽은 책이 나에게 스며드는 시간을 거쳐 비로소 작가와 교류하는 경험을 쌓게 된다. 몰입과 선택과 집중이 만드는 독서라는 세계는 생동하는 하루를 그리고 채색한다.

이제 책은 펜과 연필로 빈 공간을 가득 메운다. 똑같은 저자의 책이 아닌 나만의 것으로 탄생한다. 하루, 이틀의 읽기로 나만의 책 세상을 만들기는 불가능하다. 세상사에 대한 두려움은 용기와 모험으로 바뀌며 생을 껴안아 희열의 도가니로 길어 올리고야 말겠다는 오기가 발동한다. 기록이 쌓일수록 내 마음의 때는 거두어지고 희망과 꿈이라는 낱말이 그 자리를 대신한다.

죽는 날까지 나는 쓰고 또 쓸 것이다. 앞으로 5년, 10년, 20년 나의 노트에는 어떤 작가와 작품들이 장식될지 궁금하다. 나의 생각이 자라 어떤 실천을 삶에게 선물할 수 있을지 또한 기대된다.

독서 노트는 학생들과의 수업의 질을 향상시킨다. 학교에서 토론 수업을 하면 신바람이 난다. 내가 가장 좋아하고 잘할 수 있는 일이기 때문이다. 천진난만한 아이들을 만나는 시간은 내 성장을 부채질한다. 마치 그 시간을 위해 태어난 것처럼. 난 그것을 소명이라 부른다. 생각지도 않은 말들이 칠판 앞에만 서면 쏟아진다. 다년간의 기록하는 독서가 없었다면 수업의 즐거움을 덤으로 얻기 힘들었을 것이다. 꾸준함이 주는 미덕이다.

어수선하게 이끌던 독서를 이제는 한 단계 업그레이드할

시간이다. 한 권 필사를 마다하지 않으며, 작가 한 명과 일주일을 만나고, 한 문장을 쓰고 활자로 멍하는 시간이 필요하다. 독서 노트로 험난한 이 시대를 안전하게 건널 수 있도록 서로의 다리가 되어주면 좋겠다. 종이의 질감이, 읽고 쓰는 즐거움이 차고 넘치는 세상이 되기를 간절히 바란다. 그런 중독이 판치는 사회라면 얼마나 건전할까?

우리 아이들에게 희망이 되고 싶다. 그들이 활짝 웃을 수 있게 미소를 주고 싶다. 오늘도 잊지 않고 적는 책 속 글귀들이 실타래의 실처럼 길게 이어져, 푸른 숲의 나무들처럼 싱그럽게 까만 세상을 바꿀 산소가 되면 좋겠다.

"얘들아, 너희들에게 빌려 온 세상을 온전하게 다시 돌려주도록 노력할게."

"믿어줘! 제발."

"독서에는 세 가지가 있는데
입으로 읽고, 눈으로 읽고, 손으로 읽는 독서다.
그중에서 가장 중요한 것이 '초서'이다."
— 정약용 —

03
책을 읽는 행위 자체가 공부다

— 김원배

존 로크는 "독서는 단지 지식의 재료를 얻는 것에 불과하다. 그 지식을 자기 것으로 만드는 힘은 오직 사색의 힘만으로 가능하다."라고 말한다. 진로 특강 강의를 다녀보면 책을 어떻게 읽어야 효과를 볼 수 있는지, 어느 만큼 읽어야 하는지 질문을 받는다.

독서의 효과는 단시간 내에 얻을 수 없다. 책을 읽지 않는 뇌에서 책을 읽는 뇌로 변화시키려면 1년 이상은 꾸준하게 읽는 노력을 해야 한다. 더 중요한 것은 어떻게 읽느냐이다. 존 로크의 말처럼 읽고 자기 것으로 만들기 위한 활동이 필요한 것이다.

리처드 스틸은 "독서가 정신에 미치는 효과는 운동이 신체에 미치는 영향과 같다."라고 말했다. 근육 키우는 데는 시간이 걸린다. 하루아침에 만들어지지 않는다. 독서력을 키우는 것도 근육 키우듯이 매일 매일 읽고 기록하고 사색해야 하는 것이다.

책을 읽으면서 형광펜으로 중요 문장을 표시하고 독서 노트에 기록한다. 기록하면서 작가의 생각을 다시 되새기면서 작가의 생각을 그대로 받아들이는 게 아니라, 내 생각을 첨가하기도 하고 느낌을 기록으로 남기는 과정이 필요하다.

책을 읽으면서 정보나 지식을 얻는 것으로 끝나는 것이 아니라, 저자의 생각을 내 생각으로 새롭게 정의하는 시간이 필요한 것이다. 성인들이나 작가가 말한 이야기가 중요한 것이 아니라, 그 문장들 속에서 발견하는 자신의 생각이 더 중요한 것이다. 그래서 독서도 수능을 준비하듯이 좀 '빡세게' 해야지 삶에서 변화를 경험하게 될 것이다.

내 생각을 말이나 글로 표현하는 것은 쉬운 일이 아니다. 책을 읽으면서 떠오르는 생각들, 떠오르는 감정들이 있을 수 있다. 그럴 때 바로 노트에 기록하는 습관을 들여야 한다. 나는 책을 읽을 때 독서 노트와 형광펜, 기록용 펜을 항상 옆에 두고 읽는다. 그래야 읽는 중에 떠오르는 생각을 잡아낼 수 있기 때문이다. 한 번 떠오른 생각을 그냥 지나치면 두 번 다시 떠오르지 않을 때가 대부분이다. 책을 읽을 때마다 노트에 내 생각을 적는다면 책 내용을 더 깊이 받아들일 수 있을 것이다.

2017년부터 필요에 의해서 책을 읽기 시작했고, 2019년부터 독서 노트를 작성하기 시작했다. 책으로 인생이 변한 사람들의 이야기를 읽으면서 어떻게 읽어야 삶의 변화를 느낄 수 있는지 알게 됐고, 그대로 따라서 해보기로 했다. 세상에 어떠한 일도 실패 없이 한 방에 이루어지기는 어렵다. 살면서 어떤 일에 집중하고 시간을 투자하느냐에 따라 우리가 얻게 되는 소득과 성공도 분명히 다르다. 독서로 삶을 변화시키겠다고 마음먹으면서 평생 후회하지 않을 만큼 책을 읽고 기록하겠다고 다짐했다. 책을 읽고 내 나름대로 정리하고 기록하는 것만이 내가 살아가는 방법이었다.

책은 인류가 발전해 오면서 수많은 사람에 의해 쌓아 올린 지식의 창고이기도 하다. 특정 분야의 지식이나 정보가 필요할 때 해당 분야의 전문가가 쓴 책을 읽으면서 나의 지혜가 확장되는 것이다. 오십 대 중반이 되면서 정보가 담긴 실용서나 자기계발서보다는 사유의 즐거움을 누릴 수 있는 책을 읽어야겠다는 생각이 들었다.

7년 동안 책을 읽으면 읽을수록 허전함과 부족함을 느끼게 된 것은 내 머리속에서 지식이 체계적으로 자리 잡지 못했기 때문이다. 지식을 바탕으로 그 분야의 책을 계속 읽어 나가면서, 사람들 나름대로 넓고 깊은 지식체계를 갖추어 나가는 것이 올바른 독서의 길일 것이다.

"책을 꼭 그렇게까지 읽어야 해?"라고 질문할 수도 있다.

책을 읽고 어떠한 행동도 하지 않으면 수천 권, 수만 권을 읽어도 삶에 아무런 변화를 경험할 수 없다. 하지만 책을 읽으면서 새롭게 알게 된 정보들, 마음속에 떠오르는 감정들을 노트에 정리해 두면 책을 읽었을 때의 느낌을 다시 한번 느낄 수도 있고, 당시와는 다른 느낌을 받을 수도 있다. 또한 깊이 생각하는 시간을 가짐으로써 미래의 삶을 올바른 방향으로 재설계할 수 있는 방법도 터득하게 된다.

노트에 기록하고 SNS에 리뷰를 남기는 과정은 남에게 보여주기 위한 글이 아니다. 요즘 블로그에 올라오는 리뷰들을 보면 온갖 정성을 들여 쓴 리뷰들이 많다. 남들이 쓴 글을 읽으면서 내 나름의 방법으로 글을 쓰면 된다. 리뷰는 책을 읽고 스스로 정리하고 되새김질하기 위한 글이어야 한다.

책 속의 좋은 문장들은 누구에게나 다른 느낌으로 다가온다. 똑같은 책을 읽어도 독서 모임이나 리뷰에 올라온 글들을 보면 각자 책 속에서 받아들이는 느낌과 메시지가 다르다는 것을 알 수 있다. 나 또한 책을 읽으면서 밑줄로 표시하고, 표시한 문장들을 독서 노트에 기록한다.

책을 읽을 때 작가의 상상력을 따라가 보면서 읽는다. 머릿속으로 문장 속의 세계를 상상하면서 읽게 되면 글쓰기에 도움이 된다. 작가들의 한 마디 한 마디를 재구성해서 나의 문장으로 만드는 연습을 꾸준히 하고 있다.

정수복 작가는 『책인시공』에서 "50대에 이르면 성공한 사람들은 자만심을 갖고 권력, 재산, 지위를 내세우며 사람들 위에 군림하는 재미를 느끼고, 실패하거나 그렇고 그런 인생을 산 사람들은 중년의 허무감을 쾌락 추구나 중독상태로 달래기도 한다."라고 말한다. 인간의 삶에서 욕망의 끝은 없다. 오십 대 중년이 되어서도 일탈과 욕망을 따라다니다 보면 내적 성숙은 없고 언제나 결핍감이나 불만족을 느끼며 살게 된다. 요즘 오십 대는 평생 다니던 직장에서 퇴직하거나, 퇴직을 준비하는 시기다. 퇴직 후 인생 2막을 준비해야 하는 상황에 처하는 나이이기도 하다.

이러한 욕망과 불안감에서 벗어나는 가장 좋은 방법은 독서라고 할 수 있다. 학창 시절의 독서가 인생의 의미를 발견하고 미래의 진로 목표를 설계하는 데 도움이 되는 것이라면, 중년의 독서는 내면적 성숙과 꼰대가 되지 않는 참 괜찮은 어른으로 가는 길이라는 생각이 든다.

일본 작가 세이 쇼나곤은 '아름다운 사계절의 순간'을 다음과 같이 묘사했다.

봄에는 여명의 순간이 좋다. 조금씩 밝아오던 산 능선이 점점 분명히 그 윤곽을 드러내고 희미한 보랏빛 구름이 가늘고 길게 뻗어 있다.

여름은 밤이 좋다. 달이 뜬 밤은 말할 것도 없고, 어두워도 반딧불이 반짝거리며 날아다니는 모습이 보기 좋다. 비가 내려도 운치가 있다.

가을은 해 질 녘이 좋다. 석양이 환히 비추고 산봉우리가 가깝게 보일 때, 까마귀가 둥지를 향해 삼삼오오 짝을 지어 날아가는 광경은 가슴 뭉클한 감동이 있다. 기러기가 행렬을 이루어 날아갈 때, 그 모습이 정작 작아져 가는 것도 아주 멋지다. 해가 지고 들여오는 바람 소리 벌레 소리도.

겨울은 이른 아침이 좋다. 눈 내린 아침은 더욱 좋다. 서리가 새하얗게 내린 아침이나, 또 그렇지는 않지만 아주 추운 날 서둘러 불을 지피며 숯을 나르는 모습은 이맘때에 어울리는 풍경이다. 낮이 되어 추위가 누그러지면서 화롯불이 하얀 재로 변하고 마는 것이 아쉽다.

작가는 봄, 여름, 가을, 겨울이 가지고 있는 제각각의 운치와 아름다움을 들려주고 있다. 인간의 삶도 사계절의 변화처럼 시시각각 변화한다. 지금 나는 가을쯤 와 있을까? 이 가을을 좀 더 효율적으로 즐겁게 지내기 위해 손에 책을 들고 다니는 것이다. 책을 읽어야 하는 근본적인 목적은 인간의 변화에 있는 것 같다. 인생의 후반전을 살아가면서 더 나은 삶에 대한 희망을 품고 그것을 실현하기 위한 나 자신의 내적 변화를 이뤄내고자 하는 열망이 책을 읽게 만드는 것이다.

우리의 몸은 어느 정도의 세월이 흐르면 성장이 멈추지만 정신은 죽는 날까지 계속 성장한다. 요즘은 치매 예방으로 책을 읽어야 한다는 말들도 한다. 흐트러지는 정신과 뇌의 성장을 멈추지 않게 하는 방법은 책을 읽으면서 끊임없이 사색하는 것이다.

인생을 의미 있게 산다는 것은 책을 읽으면서 삶을 생생하고 감동적인 이야기로 만들어 가는 것이다. 내 삶의 이야기들로 남들에게 감동을 주는 책을 쓰려고 노력하는 마음으로 하루하루 살아간다는 것은 내 인생이 한 권의 좋은 책이 되는 것이라고 볼 수 있다. 남들에 비해 특별한 삶을 살아가는 것이 정답은 아니나, 정신만은 온전히 세상을 꿰뚫어 볼 수 있으려면 책을 항상 곁에 두고 읽어야 한다. 이것이 내가 이야기하고자 하는 중년 이후의 공부이다.

"육체에 대한 독약은 대개는 그 맛이 불쾌한 것이지만, 신문이나 악서 속에 담겨 있는 정신에 대한 독약은 아주 매혹적이며 그럴수록 그것은 더욱 사악한 것이다."
- 톨스토이 -

04
독서의 완성은 기록이다

― 박춘이

  책을 읽는다는 것은 단순히 지식을 쌓는 행위가 아니다. 독서는 내면의 성장을 경험하고, 새로운 시각과 깊은 통찰을 얻는 과정이다. 다양한 이야기 속에서 나 자신을 발견하며, 책을 통해 이전에 경험해보지 못한 세계를 접하고 새로운 생각을 만난다. 하지만 많은 사람이 책을 읽고 난 후, 내용이 희미해지는 경험을 한다. 나 또한 감동적으로 읽었던 책의 내용을 시간이 지나면서 잊어버린 적이 많다. 그러다 몇 년 전, 한 권의 책에서 깊은 감동을 받았음에도 불구하고 그 내용을 거의 기억하지 못하는 순간을 맞닥뜨리며 '독서 노트'의 필요성을 절실히 느꼈다.

책을 읽는 이유는 다양하다. 지식을 얻기 위해서, 위로를 받기 위해서, 혹은 단순한 즐거움을 위해서 읽기도 한다. 그러나 어떤 이유에서든, 읽은 내용을 기억하고 활용하지 못한다면 독서는 반쪽짜리 경험에 그칠 수밖에 없다. 독서 노트는 이런 아쉬움을 줄이고, 책에서 얻은 감동과 배움을 오래도록 간직하게 해주는 최고의 도구다. 이를 통해 우리는 책을 단순히 소비하는 것이 아니라, 나만의 지식과 경험으로 내면화할 수 있다.

그렇다면 어떻게 해야 효과적인 독서 노트를 작성할 수 있을까?

효과적인 독서 노트 작성법

첫째, 인상 깊은 문장 기록하기

책을 읽다 보면 가슴 깊이 와닿는 문장들을 만나게 된다. 그럴 때 그 문장을 그대로 노트에 적고, 왜 마음에 들었는지, 어떤 의미를 가졌는지 함께 메모해 두자. 짧은 메모라도 남겨두면 나중에 그 문장을 다시 읽을 때 당시의 감동이 되살아난다. 단순히 문자를 베껴 적는 것으로 끝내지 말고, 자신의 생각을 덧붙이면 더욱 의미 있는 기록이 될 것이다.

둘째, 주요 아이디어와 키워드 정리하기

책의 핵심 내용을 파악하려면 주요 아이디어와 키워드를 정리하는 것이 효과적이다. 각 장의 내용을 한두 문장으로 요약하거나, 중요한 개념과 반복적으로 등장하는 키워드를 정리해보자. 이렇게 하면 책을 읽고 난 후에도 한눈에 내용을 파악할 수 있다. 특히 자기계발서를 읽을 때 이 방법을 활용하면, 중요한 메시지를 쉽게 기억하고 실천으로 옮길 수 있다.

셋째, 떠오른 아이디어나 적용해 볼 점 찾아보기

책을 읽는 것에서 멈추지 않고, 나에게 적용할 점을 찾아 실천 계획을 세워보는 것도 중요하다. 때로는 지금 당장 실행할 수 없더라도 독서 노트에 기록해 두면, 유사한 상황이 왔을 때 유용하게 활용할 수 있다. 실제로 나는 독서 노트를 통해 실행 가능한 아이디어를 정리하고, 이를 기반으로 다양한 커뮤니티 프로그램을 운영할 수 있었다.

넷째, 온라인을 활용한 기록 방법

노트에 직접 적는 것이 부담스럽다면, 디지털 방식으로 기록하는 것도 좋은 방법이다. 나는 온라인 카페를 활용해서 책에서 인상 깊었던 구절과 나만의 생각을 정리하는데, 이렇게 하면 언제든 쉽게 찾아볼 수 있고, 다른 사람과 공유하면서 더 깊이 있는 논의도 가능하다. 특히 비공개 카페를 활용하면 나만의 독서 기록을 체계적으로 정리할 수도 있다.

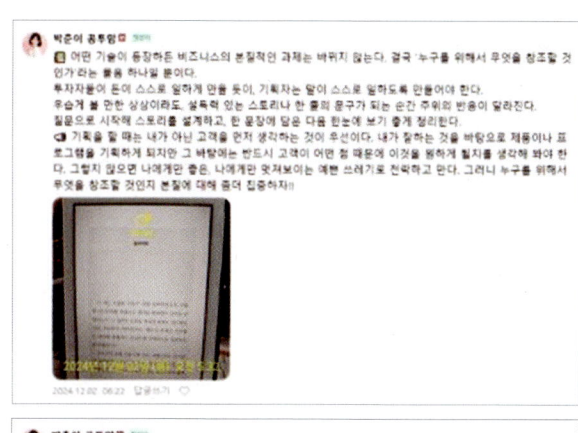

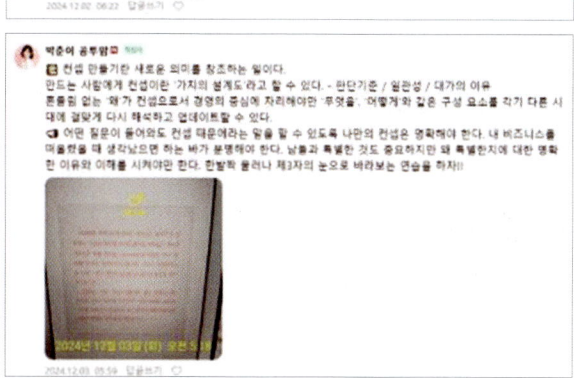

다섯째, 질문하고 답하기/퀴즈 만들기

책을 읽다가 이해되지 않는 부분이 있다면 질문을 던지고 답을 찾아가는 과정을 기록해보자. 책 여백에 적어두거나, 독서 노트에 질문을 정리하고 책을 더 읽어나가면서 답을 찾아 적어보는 것이다. 또, 중요한 내용을 퀴즈 형식으로 만들어보는 것도 좋은 방법이다. 실제로 내가 운영하는 커뮤니티에서는 오픈채팅방에 퀴즈를 올려 참여자들이 답

을 찾도록 유도하는데, 이 방식이 독서의 집중도를 높이는 데 큰 도움이 되었다.

아날로그 vs 디지털 독서 노트

독서 노트를 만드는 방법에는 크게 두 가지가 있다. 하나는 손으로 직접 쓰는 아날로그 방식이고, 다른 하나는 스마트폰이나 태블릿을 활용하는 디지털 방식이다.

아날로그 독서 노트의 가장 큰 장점은 손글씨를 쓰면서 생각이 정리되고, 내용이 더 깊이 각인된다는 점이다. 물리적으로 존재하는 노트는 책을 펼칠 때마다 자연스럽게 다시 보게 되고, 이를 통해 독서 기록이 습관으로 자리 잡는다. 하지만 노트와 필기구를 항상 가지고 다녀야 한다는 점과 수정이 어렵다는 단점이 있다.

반면, 디지털 독서 노트는 어디서든 쉽게 기록할 수 있다는 것이 강점이다. 스마트폰이나 태블릿을 활용하면 빠르게 메모하고, 원하는 내용을 검색하거나 수정하는 것도 간편하다. 특히 ai 도구를 활용하면 독서 노트의 틀을 넘어, 기록한 내용에 대한 피드백을 받거나 심화 정보를 검색하는 등 다양한 활용이 가능하다. 그러나 디지털 환경은 집중을 방해하는 요소가 많아 몰입감을 유지하기 어렵다는 단점도 있다.

각 방식에는 장단점이 있으므로, 나에게 맞는 방법을 선택하는 것이 중요하다. 예를 들어, 깊은 사색과 감성을 담아 기록하고 싶다면 아날로그 방식을, 빠른 정리와 검색이 필요하다면 디지털 방식을 활용하는 것이 좋다. 또는 두 가지 방식을 혼합하여 사용하는 것도 좋은 방법이다.

독서 노트, 나만의 지적 자산

독서 노트를 작성하는 것은 단순한 기록을 넘어, 책과 더욱 가까워지고 나만의 생각을 키워가는 과정이다. 처음부터 부담을 갖기보다는, 가볍고 편안하게 시작해보자. 마음에 드는 문장을 적고, 떠오르는 생각을 기록하며 나만의 독서 흔적을 남기다 보면, 어느새 그것은 특별한 자산이 될 것이다. 시간이 지나 다시 책을 펼쳤을 때, 그 기록들은 나의 성장과 변화를 돌아보게 하고, 앞으로 나아갈 길을 비춰주는 소중한 길잡이가 되어줄 것이다.

> "독서는 완성된 사람을 만들고,
> 토론은 준비된 사람을 만들며,
> 글쓰기는 정확한 사람을 만든다."
> − 프랜시스 베이컨 −

05
기록하며 키우는 생각의 숲
- 김은미

  책을 읽고 오래도록 기억하는 방법으로 효과적인 것은 기록으로 남기는 것이다. 독서 기록을 남기면 읽기 능력과 쓰기 능력이 함께 발달하며 우리의 내면과 외면을 탄탄하게 만들어 갈 수 있다. 어릴 때 읽었던 책들을 성인이 된 후, 장년이 된 후 다시 읽으면 새로운 것들이 보이고 더 깊이 이해하게 된다. 이때 독서 노트를 활용하여 꾸준히 기록한다면 훗날 자신의 사고 과정을 확인하고 그 근원을 거슬러 가 볼 수 있으며, 자기 이해를 높일 수 있는 근거가 된다.

  독서 노트는 특별히 정해진 양식을 따르기보다 자신에게

필요한 요소를 담아 간결하게 기록해도 된다. 질문을 활용하여 기록하면 독서 감상문과 서평 또한 훌륭한 독서 노트로 활용할 수 있다. 독서 감상문은 문학 작품과 비문학 작품을 구분하여 기록하는 것이 유익하다.

독서 감상문 쓰기 - 문학

다양한 장르의 문학 작품은 우리의 공감 능력을 발달시켜 사회성을 형성하게 하고 자아 성장의 밑거름이 된다. 검증된 문학 작품은 자신의 삶을 이끌어 갈 가치관과 신념을 발견하게 해 주며 깊이 있는 성찰을 통해 자신을 이해하고 인간의 본질을 이해하는 데 긍정적 영향력을 발휘한다. 나아가 우리 사회의 보편적 가치를 자연스럽게 수용하게 하고 사회를 이해할 수 있는 통찰력을 길러준다. 이렇게 효용이 높은 문학 작품을 읽을 때는 다음의 세 가지를 고려하여 읽고 독서 감상문을 기록한다.

첫째, 주인공의 특징을 파악하여 기록한다. 작가는 작품을 쓸 때 각 등장 인물에게 특징을 부여한다. 특히 주인공은 작품 전체를 이끌어가면서 그가 작가에게 부여받은 특징으로 인해 크고 작은 사건 속에서 주제를 분명히 드러낸다. 주인공이 처한 상황에서 하는 말과 행동을 보면서 주인공의 생각을 유추해 보아야 한다. 작품 속에서 작가가 부여한 인물의 특징을 세밀히 찾아보는 것은 마치 보물찾기와 같다. 작품 곳곳에 숨겨진 주인공의 특징을 찾아 퍼즐을 맞추듯 조합하며 기록하면 줄거리를 간추리는 데 매우 유용하다.

*** 주인공의 특징 파악하기**
- 주인공은 어떤 성격인가?
- 주인공은 어떤 바람을 가지고 있나?(혹은 어떤 고민을 하는가?)
- 주인공은 어떤 상황에 놓여 있나?
- 그러한 상황에서 주인공은 어떻게 대처하는가?
- 주인공은 왜 그렇게 대처했나?

이렇게 주인공의 특징을 찾으며 독서하고, 기록하면 작품을 깊이 이해할 수 있다. 주인공의 특징을 찾아낸 후에는 주인공과 등장인물의 관계도 함께 파악하며 읽고 기록한다.

둘째, 작품을 구성하는 배경을 기록한다. 작품의 시대적 배경과 공간적 배경을 파악하며 읽고, 잘 이해되지 않는 부분은 다른 자료를 찾아본다. 이렇게 시대의 상황이나 공간적 특수성을 고려하면 주인공과 등장인물들의 생각을 유추해 내는 데 도움이 되고 작품을 바르게 해석할 수 있다. 배경을 파악하기 위해 다음의 질문들을 던져보고 답을 달아본다.

> *** 작품의 배경 파악하기**
> - 작품 속의 배경은 언제인가?
> - 작품 속에서 역사적으로 특수한 시기를 다루고 있다면 그것은 언제인가?
> - 그 시기의 특징은 무엇인가?
> - 작품은 어디에서 벌어지는 일을 담고 있나?
> - 작품 속 공간의 특징은 무엇인가?

셋째, 작품의 중심 사건이 무엇인지 파악하여 기록한다. 한 편의 작품에서는 여러 가지 사건이 맞물려 발생하고 이야기가 진행된다. 독자는 인과관계에 놓인 크고 작은 사건 가운데 핵심이 되는 사건, 주인공의 특징과 연관되는 사건이 무엇인지 찾아본다. 중심 사건의 발생 원인과 해결 과정을 정리하면 자연스럽게 작가가 말하고자 하는 바가 드러난다. 중심 사건을 찾아 나갈 때 다음의 질문을 활용한다.

* **작품의 중심 사건 파악하기**
  - 작가가 주인공에게 부여한 인물의 특징에 따라 필연적으로 발생한 사건은 무엇인가?
  - 그 사건은 왜 일어났나?
  - 그 사건은 어떻게 해결되는가?
  - 그 해결은 개인적 차원의 해결인가? 사회적 차원의 해결인가?

독서 감상문 쓰기 - 비문학

비문학 도서는 독자에게 정보전달과 지식 습득 및 사색, 성찰 등 각자의 책마다 명확한 목적을 가지고 쓰인 책이다. 그러므로 작가가 무엇에 대하여 말하고자 하는지를 파악하며 읽는다. 비문학 독서 감상문을 쓸 때는 독서 후 책의 내용을 요약하면서 저자의 관점을 파악하고 그에 대한 근거를 찾아 기록하는 것이 좋다. 또한 자신이 책을 읽으며 새롭게 알게 된 것, 저자의 관점에 대한 나의 의견을 기록한다. 다음과 같이 질문하며 기록한다.

- 저자가 주장하는 바는 무엇인가?
- 저자의 주장을 뒷받침하는 근거는 무엇인가?

- 이 책에서 전달하려는 정보와 관련하여 내가 새롭게 알게 된 것은 무엇인가?
- 저자의 주장에 대한 나의 의견은 무엇인가?
- 그렇게 생각하는 까닭은 무엇인가?

독서 감상문을 쓰면서 글쓰기의 부담이 덜해지면 서평 쓰기에 도전해 본다. 독서 감상문과 서평은 책을 읽은 후 독자가 기록하는 글이라는 공통점이 있다. 그러나 둘은 성격이 다른 글이다. 독서 감상문은 책을 읽은 후 독자의 느낌과 생각을 적은 글이므로 주관적 요소가 두드러지는 글이다. 그러므로 특별한 양식을 꼭 지키지 않아도 되고 서평에 비해 자유로운 글이다. 이와는 달리 서평은 독자가 책의 가치를 객관적으로 평가하는 글이다. 서평은 독자 자신의 개인적 기록보다는 타인에게 도움을 주기 위해 작성하는 글이므로 형식적 요소를 갖추고 공정하게 기록하도록 노력해야 한다.

서평 쓰기

서평을 작성할 때는 작가, 작품, 독자, 사회를 모두 고려하여 작성한다. 작가의 의도를 파악하고 책의 내용을 분석하여 이 책이 사회에서 어느 정도의 위치인지 평가해야 하므로, 서평을 쓸 때는 주관적 감정이 드러나지 않도록 객관적인 거리두기를 해야 한다. 또한 작가와 작품을 평가할 때 긍정적 부분과 비판이 조화를 이루도록 한다. 무조건적 칭찬, 비판은 지양하고 칭찬과 비판의 명확한 근거를 제시해야 한다. 비판의 근거는 개인적 견해에 의한 것인지 지식에 의한 것인지 구분하여 기록한다.

서평을 쓰는 것이 어렵게 느껴질 수 있으므로 처음에는 지인에게 소개하듯이 가볍게 쓰는 것도 좋다. 책을 소개하는 이유를 생각하며 아래의 질문에 맞춰 써 보자.

- 이 책의 종류와 주제는 무엇인가?
- 이 책에서 저자가 풀어가려는 문제는 무엇인가?
- 그 문제에 대한 저자의 해답은 무엇인가?
- 이 책의 장점과 보완해야 할 점은 무엇인가?
- 누구에게 이 책을 소개하고 싶은가?
- 어떤 이유에서 소개하고 싶은가?

독서 감상문과 서평을 쓸 때 유의할 점은 욕심을 부리지 말라는 것이다. 책을 읽을 때마다 꾸준히 기록하겠다는 목표를 세우고 야심 차게 시작하지만, 바쁜 일상에 밀려 독서할 시간조차 확보하기 힘든 것이 현실이다. 읽은 책의 10퍼센트만 기록해 보아도 좋다. 처음부터 무리한 목표를 잡으면 본래의 목적을 상실하게 된다. 처음에는 충분히 실행할 수 있는 작은 목표를 잡아 성공 경험을 늘려가면서 기록을 습관으로 만들어 가야 한다.

독서 목록 기록하기

현실적으로 독서 감상문이나 서평을 쓸 여력이 되지 않을 때는 독서 노트에 독서 목록을 기록해 둔다. 분량에 부담을 갖지 말고 독서 기록을 남겨 놓는 것에 초점을 두고 기록하면 된다. 독서를 마친 후 짧게라도 기록하는 습관을 들이면 후일 그것을 바탕으로 긴 글쓰기로 넘어가기가 수월하다. 처음 시작할 때는 아래의 다섯 가지 질문 정도만 기록해 보자. 기록하는 부담이 사라지면 차츰 항목을 늘려가도록 한다.

- 책 제목
- 독서 기간
- 한 줄 감상이나 평가
- 작가
- 인상 깊은 문장

독서 기록 앱 활용하기

요즈음에는 디지털 독서 기록 앱이 다양하게 출시되어 있으므로 스마트폰이나 태블릿에 앱을 내려받아 사용하는 방법도 좋다. 독서 기록 앱은 도서의 바코드를 스캔하거나 앱 상에서 검색하기, 직접 입력하기 등 다양한 방법으로 개인 서재에 쉽게 책을 등록할 수 있다.

또한 휴대가 간편해서 언제 어디서든 꺼내 볼 수 있고, 자신의 독서량과 독서 과정을 통계화하여 그래프로 한눈에 볼 수도 있으며, 타 매체로의 공유가 쉽다는 장점이 있다. 많은 독서 앱 중 사용법이 쉽고 직관적이며 재미있게 기록할 수 있는 앱을 추천하면 다음과 같다.

앱 이름	특징	장점
[북적북적] 뜻: 책이 쌓이다	쌓아보기 : 사용자가 읽은 책을 높게 쌓아서 보여준다. 이때 책등에 제목이 적히고, 책의 쪽수를 높이로 시각화하여 명료하게 보여준다.	성취감을 경험하고 독서 동기 부여가 잘된다.
	리스트형 보기 : 책의 표지와 이용자가 기록한 평점을 한눈에 볼 수 있게 보여준다. 나의 서재 기능을 이용해 읽은 책, 읽고 있는 책, 읽고 싶은 책을 기록할 수 있다.	책의 평점을 쉽게 파악할 수 있다.
[북모리]	사용자의 책을 기록하는 독서 노트 앱으로 타이머와 달력을 활용하여 하루, 일 년 단위로 읽을 목표를 정할 수 있다. 한 날짜에 여러 권을 표시할 수도 있다.	나만의 명언 모음을 완성할 수 있다. 도서관에서 대여한 도서는 반납 알림 기능을 활용할 수 있다.
[북플립]	사용자의 독서 관리 앱으로서 책갈피 기능을 활용하여 읽은 책, 읽고 있는 책, 읽고 싶은 책을 자동으로 구분한다. 독서 기록과 관련하여 이용자만 볼 수 있게 하거나 모두가 볼 수 있는 서평으로 구분하여 기록할 수 있다.	책갈피 자동 구분 기능이 있다. 사진과 책의 구절을 함께 기록할 수 있다. 독서 통계와 내역을 카테고리별로 볼 수 있다.
[독서타임]	독서 시간을 편하게 측정하고 기록하는 데 도움을 주는 어플이다. 독서 알림 기능이 있다. 읽은 책의 장르를 구분하여 표시해 주므로 어떤 장르를 많이 읽었는지 알 수 있다.	독서 알림 기능으로 사용자가 설정한 시간에 알림을 받을 수 있다. 장르별 통계를 확인할 수 있다.
[플라이북] 읽고—잇다.	'책으로 만나는 새로운 친구'를 전면에 내세운 도서 SNS 앱이다. '요즘 사람들의 인생 책', '취향이 비슷한 사람들', '내 일상을 세상과 공유' 등의 기능이 있다. 기능적으로는 일반 게시물 작성, 책장 만들기, 책 속 문장 남기기가 구분되어 있다. 독서 기록과 함께 소통에 중점을 둔 앱이므로 다른 사람들의 책장을 볼 수도 있다. 비슷한 취향이나 다른 취향을 발견할 수 있고, 책을 통해 새로운 사람을 만나고 소통하는 앱으로 같은 지역 모임, 책 추천 모임 등에 참여해 볼 수 있다.	주제별로 분류하여 글을 작성할 수 있다. 독서 기록으로 소통할 수 있다. 블로그 운영자에게 시너지효과를 준다.

"독서가 눈과 손을 이용해서 저자의 이야기를 읽는 일이라면,
도서 리뷰는 저자의 이야기를 내 삶에 적용하고,
내 이야기로 탄생시키는 행위이다."

-안예진-

도서 제목			
저 자		독서 기간	
출 판 사		출 판 일	

* 이 책을 통해 기대되는 점은 무엇인가? (표지, 제목, 장르, 주제)

* 주인공이 가진 특징은 무엇인가?

* 이 책의 사건들은 언제, 어디에서 진행되는가? (시간적 배경, 공간적 배경)

* 이 책의 중심 사건은 무엇인가? 그 사건은 왜 일어났나? 어떻게 해결되었나?

* 그 사건의 발생원인 혹은 해결 과정이 내 삶에 끼친 영향은 무엇인가?
  (생각, 깨달음, 결심, 다짐 및 근거)

비문학 독서 감상문

도서 제목			
저 자		독서 기간	
출 판 사		출 판 일	

* 작가가 이 책에서 전달하려는 정보는 무엇인가?

* 저자는 그 정보에 대해 어떠한 관점을 가지고 있는가?

* 저자가 주장하는 바는 무엇인가?

* 저자의 주장을 뒷받침하는 근거는 무엇인가?

* 이 책에서 전달하려는 정보와 관련하여 내가 새롭게 알게 된 것은 무엇인가?

* 저자의 주장에 대한 나의 의견은 무엇인가? 그렇게 생각하는 까닭은 무엇인가?

도서 제목			
저 자		독서 기간	
출 판 사		출 판 일	

* 이 책은 어떤 종류의 책인가?(주제는 무엇인가?)

* 이 책에서 저자가 풀어가려는 문제는 무엇인가?

* 그 문제에 대한 저자의 해답은 무엇인가?

* 이 책의 장점은 무엇인가?

* 이 책에서 보완해야 할 점은 무엇인가?

* 누구에게 이 책을 소개하고 싶은가? 그 이유는 무엇인가?

06
기록을 남기는 법: 앱으로 저장하고, 책 여백에 질문 적기

– 한인신

1. 독서 앱으로 간편하게 기록하고, 노트로 생각을 되새기다

독서란 책 속에 담긴 생각을 곱씹어 자신의 것으로 만드는 과정이다. 하지만 막상 책을 덮고 나면 방금 읽은 내용이 희미해지고, 감동적이었던 구절마저 머릿속에 선명히 남지 않을 때가 많다. 이럴 때 독서 기록은 책에서 얻은 생각과 감정을 붙잡아 두는 든든한 도구가 된다. 특히 현대인에게 가장 좋은 방법은 스마트폰 앱을 활용한 기록 방식이다. 언제 어디서나 손쉽게 꺼낼 수 있는 핸드폰을 통해, 우리는 읽은 구절과 떠오른 생각을 즉각 포착하고 저장할 수 있다.

"당시 노트에 쓴 것들이 무의식에라도 남아있으리라, 나는 믿는다. 어느 날 무심코 한 내 행동 속에서 그 모습을 드러낼 것이라 믿는다. 이게 메모하는 가장 큰 이유인지도 모른다. 무심코 무의식적으로 하는 행동이 좋은 것이기 위해서. 혼자 있는 시간에 좋은 생각을 하기 위해서. 그런 방식으로 살면서 세상에 찌들지 않고, 심하게 훼손되지 않고, 내 삶을 살기 위해서."

정혜윤의 『아무튼, 메모』에 나온 글이다. 이 부분을 접하고 '바로 이거야!'를 속으로 외친 사람도 있을 것이다. 읽은 내용이 당장은 내 것이 아닌 듯해도, 무의식 어딘가에 쌓여 언젠가 나를 더 나은 방향으로 이끌어 준다는 믿음. 이것이 메모와 기록을 멈추지 않게 하는 원동력이다. 책 속 구절을 베껴 적고, 감상을 남기며, 비록 시간이 지나 그 내용을 잊어버린다 해도, 그 순간 내 안에는 새로운 생각의 씨앗이 뿌려진다. 언젠가 무심코 내 행동 속에서 드러날 그 씨앗을 위해, 우리는 책을 읽을 때 기록하는 습관을 키운다.

핸드폰에 설치한 독서 기록 앱을 활용하면 책 속 인상적인 문장을 사진으로 찍어 텍스트로 변환하고, 저장할 수 있다. 지하철에 서서 책을 읽다가 매력적인 문장을 발견했을 때 굳이 가방에서 노트와 펜을 꺼내기 어렵더라도, 앱을 통해 '찰칵' 하고 기록을 남기면 된다. 이렇게 모인 구절들은 도서별로 정리되며, 출퇴근 시간이나 기다리는 시간에도 꺼내 볼 수 있는 디지털 서재가 된다. 반복해서 들여다보게 되면 기억에 더 오래 남고, 읽은 책들이 단순히 지나간 흔적이 아닌 '내 안의 도서관'으로 쌓여간다.

한 권의 책을 다 읽은 뒤에는 앱에 저장된 구절들을 다시 음미하며 노트에 정리하는 시간을 갖는다. 독서 노트에는 책에 대한 감상, 저자의 주장에 대한 내 생각, 나만의 해석을 한두 장 정도로 적어둔다. 처음에는 "아, 이 책을 읽었구나." 하고 읽은 권수를 늘리며 만족하는 데 그칠 수도 있다. 하지만 점차 이 기록 과정이 축적되면, 좋아하는 작가가 생기고, 그 작가의 다른 책을 찾아 읽게 되며, 한 권의 책은 또 다른 책을 불러오는 마중물이 된다. 인상적인 한 문장, 한 작가의 독특한 관점이 또 다른 독서로 이어지고, 그 과정이 쌓여 내 독서 생활은 점차 풍요로워진다.

무엇보다 독서 기록은 다른 사람과의 대화를 풍성하게 만들어준다. 좋아하는 작가와 책에 대해 이야기할 때, 내가 기록한 구절을 언급하며 왜 이 책을 좋아하는지 설명할 수 있다. 그럴 때 내 눈빛은 반짝이고, 마음은 설렌다. 독서 기록은 이처럼 책 읽는 즐거움을 타인과 공유하고, 그 순간 내 안의 열정을 빛나게 한다. 결국 독서 앱으로 기록하고, 노트에 생각을 정리하는 일은 나를 성장시키고, 주변과의 소통을 풍성히 하는 작은 축제와도 같다.

2. 책 여백을 기록장으로

독서를 통해 지식을 얻는 것만으로는 충분하지 않다. 책 속 아이디어를 그대로 소비하는 데 그치면, 시간이 지나고 잊히기 십상이다. 독서의 진정한 가치는 책이 던지는 질문에 대해 나만의 답변을 찾아가는 과정에 있다. 질문하고 답하는 독서법은 책을 저자와의 대화 무대로 바꾸어 놓는다. 단순히 줄거리와 감상만 남기는 대신, 스스로 질문을 만들고 그 질문에 답을 해보는 동안, 독자는 인상적인 구절을 넘어 책의 본질을 이해하고, 자신의 사고를 한층 더 깊이 있게 다듬을 수 있다.

　책을 읽기 전에 책의 표지나 목차를 보면서 궁금한 점을 적어둔다. "이 책은 무엇을 말하려고 하는가?", "저자는 어떤 문제를 해결하려고 이 글을 썼는가?", "이 주장에 내가 동의하는가, 아니면 다른 관점이 있는가?" 같은 질문은 독자의 관심을 책의 핵심으로 안내한다. 읽는 도중에도 마음에 걸리는 부분이 생기면, 밑줄을 긋고 옆에 생각이나 질문을 적어둔다. 다 읽고 난 후에는 이 질문들을 모아 노트에 정리하고, 하나씩 답을 시도해 본다.

　질문하고 답을 찾는 과정은 독서 기록을 서평이나 비평문으로 자연스럽게 발전시킨다. 초반에는 단순한 감상문을 쓰던 독자도, 질문을 던지며 읽고 답을 찾는 활동을 거듭할수록 책에 대한 이해도가 깊어지고, 사고력과 표현력이 함께 강화된다.

　이는 아이들이나 학생들을 가르칠 때 특히 효과적이다. 그냥 줄거리를 요약하고 "좋았다"로 끝나는 감상문 대신, 질문을 바탕으로 한 독서 기록을 쓰게 하면, 아이들은 놀랄 만큼 다채로운 관점과 깊이 있는 생각을 펼쳐낸다. 책을 읽으며 스스로에게 질문하고, 답을 고민하는 과정은 자기 자신이 똑똑하고 창의적인 사람이라는 자신감을 심어준다.

어른이라면 어떨까? 마찬가지다. 질문하는 독서는 평생 이어갈 수 있는 성장 전략이다. 어른이 되어도 책을 읽을 때 '왜?'라는 물음을 놓지 않는다면, 우리는 저자의 생각을 수동적으로 받아들이는 대신, 비판적 사고를 갖춘 독자로서 저자와 대등한 위치에 서게 된다. 이는 사회나 회사, 개인의 삶에서 중요한 의사결정을 할 때 더 많은 맥락을 고려하고, 다양한 관점에서 문제를 분석하는 능력으로 이어진다. 결국 질문하며 읽는 습관은 인생 전반에서 풍부한 사고력을 발휘할 수 있는 지적 근육을 길러주는 셈이다.

독서를 통해 새로운 사실을 배우는 데서 그치지 않고, 그 사실을 내 삶에 비추어 보며 확장해 나가는 과정은 독자에게 성취감과 자존감을 선물한다. 생각지도 못했던 시각을 발견하고, 저자와 생각을 겨루며, 자신의 관점을 분명히 해나가는 활동은 책 읽기의 가치를 한 차원 높여준다. 이는 AI나 기술이 아무리 발전해도, 인간으로서 우리가 지닐 수 있는 고유한 힘이다.

독서 앱을 통해 쉽게 기록하고, 책 여백에 질문을 적고 스스로 답을 하며 읽는 과정을 통해 우리는 단순히 책을 '소비'하는 독자를 넘어 '창조적 해석자'로 나아갈 수 있다. 잊히지 않는 책들을 내 안에 쌓아갈 때, 그 책들은 내 행동을 변화시키고, 생각을 심화하며, 언젠가 무의식중에 더 나은 선택을 하게 해 주는 숨은 조력자가 된다. 또한 다른 이들과의 대화에서 이 책들을 소환하여 의견을 나눌 때, 내 안에 쌓인 그 내면의 도서관은 반짝이는 활기가 된다.

AI 시대에도 의미 있고 지속 가능한 삶을 위해 우리가 할 수 있는 일은 많지 않을까? 그중 하나는 바로 지속적인 독서를 통해 사고력을 갈고닦는 것이다. 책 속 문장을 디지털로 저장하고, 노트에 나만의 생각을 적으며, 질문을 던지고 답을 구해 나가는 과정은 단순한 취미가 아니라 내 삶을 윤택하게 하고, 인간적 심도를 더해 가는 지속 가능한 성장 방식이다.

> **＊ (예시) 읽기 전-중-후 과정에서 책 여백에 적는 질문들과 내용**
>
> 1. 읽기 전
>   - 제목과 목차를 보며 떠오르는 질문과 생각
> 2. 읽는 중
>   - 밑줄 긋는 부분에 대한 자기 생각이나 질문
> 3. 읽은 후
>   - 이 책은 무엇을 말하는가?
>   - 저자는 어떤 의도와 목적으로 이 책을 썼을까?
>   - 그 목적을 실현하기 위해서 어떤 방법을 썼는가?
>   - 나는 그 의견에 동의하는가?
>   - 어느 부분은 수용하고, 어느 부분은 받아들이기 어려운가?
>   - 제목의 의미는 무엇일까?

"책의 주인은 책을 통해 책의 내용뿐만 아니라
작가의 의도와 메시지까지 잘 파악하여,
시대와 상황에 따라 응용할 수 있는 사고력으로
확장시키는 사람이다."

– 김병완, 『1시간에 1권 퀀텀 독서법』 중에서 –

Part 5

독서력을 키우기 위한 전략은?

01
333 Spread 독서
- 송숙영

매년 3월, 떨리는 마음으로 입학한 고등학교 1학년 학생들을 대상으로 첫 수업 시간에 '대입 전략과 슬기로운 학교생활'이라는 강의를 진행한다. 어떻게 하면 알차고 의미 있게 고등학교 생활을 할 수 있는지 안내하는 수업이다. 의미 있는 학교생활은 물론 변화하는 대입을 위해 학생들에게 꼭 당부하는 것이 독서 활동이다. 모든 공부와 학교생활의 바탕은 독서가 되어야 한다고 강조하며 강의를 마치면 아이들이 꼭 하는 질문이 있다.

"선생님, 책을 몇 권이나 읽어야 하나요?"

그런데 재미있는 사실은 똑같은 질문을 학부모도 한다는 것이다.

"선생님, 우리 아이에게 책을 몇 권이나 읽혀야 하나요?"

그 질문에 나는 반문한다.

"일 년에 몇 권이나 읽나요? 그리고 3년의 학교생활 동안 몇 권이나 읽어야 한다고 생각하나요?"

이 질문에 아이 대다수는 한 권도 읽지 않는다고 말한다.

이렇게나 많은 아이가 일 년에 한 권도 읽지 않는 현실이 이제는 무감각해질 정도로 너무나 흔한 상황이 되어버렸다. 그런데도 불안해하는 학생들과 학부모님들이 많기에 정보를 공유하고자 서울 상위권 대학의 입학 사정관에게 들었던 내용을 안내한다.

"서울 중상위권 대학에 지원하는 학생들의 생활기록부를 보면 보통 1년에 15권 정도 읽습니다. 그렇지만 주의할 점이 있습니다. 한 권을 읽더라도 제대로 깊이 있게 읽고 탐구한 내용을 높이 평가하지, 단순히 많이 읽었다고 좋은 평가를 받는 것이 아닙니다. 독서의 양보다 질이 중요합니다. 그래서 몇 권을 읽었느냐는 중요하지 않습니다. 어떤 학생은 1년에 20권 이상 읽지만, 면접이나 서류 평가에서 깊이 있게 독서했던 것들이 드러나지 않으면 오히려 부정적인 평가를 받을 수 있습니다."

 몇 권을 읽느냐가 아니라 독서를 통해 깊이 있게 사고하는 것이 중요하다는 것이다. 그런데 독서는 하면 할수록 그 깊이가 더해진다. 따라서 깊이 있게 사고하는 방법을 훈련하려면 독서를 습관화해야 하며 독서가 삶의 일부로 자리 잡아야 한다.
 우리가 운동을 통해 근력을 기르는 것처럼, 독서 습관을 기르기 위해서는 독서 근력을 길러야 한다. 책을 잘 읽지 않던 내가 독서 근력을 기르기 위해 고심하며 적용해 보았던 방법을 소개하고자 한다.

 먼저 본인이 흥미 있는 분야의 유사한 주제 책 3권을 한 달 동안 매일 30분씩 읽어라. 그리고 이 독서 습관을 3개월 동안 지속하라. 이것이 내가 만든 333 Spread 독서법이다.

 왜 유사한 분야의 책 3권을 한 달 동안 매일 30분씩 읽기를 3개월 동안 지속해야 할까?
 먼저 한 권의 책을 세 번 읽는 것이 아니라 유사한 주제의 책 3권 읽기를 왜 추천하는지 이유를 설명하고자 한다. 한 권을 깊이 있게 읽는 것도 좋은 독서 방법이지만 우리가 살고 있는 사회는 너무나 빨리 변하고 있다. 하버드대의 물리학자 새뮤얼 아브스만은 자신의 저서『지식의 반감기』에서 갈수록 지식의 유효기간이 짧아진다고 강조한다. 변화하는 환경에 빠르게 적응하기 위해서는 다양한 정보를 빠르게 받아들이고 활용해야 하는데, 이를 위해서는 새로운 지식을 받아들이기 위한 독서의 속도도 어느 정도 빨라져야 한다. 따라서 한 권의 책을 여러 번 읽기보다 짧은 시간 내에 더 많은 책을 읽는 것이 효과적이라고 할 수 있다.

또한 한 달에 1권 읽기라고 목표를 설정하면 본능적으로 꼼꼼하게 읽기를 선택하게 된다. 꼼꼼하게 읽으려 하다 보면 느리게 읽게 되면서 정독에 대한 환상에 빠지게 된다. 그러나 한 번 느리게 정독한 책의 내용을 다시 머릿속에서 꺼내려고 하면 별로 기억에 남는 것이 없다. 꼼꼼히 읽었음에도 왜 기억에 남는 것이 없을까?

독일의 심리학자 헤르만 에빙하우스는 기억과 망각의 양을 연구했다. 시간의 경과에 따라 나타나는 일반적인 망각의 정도를 연구한 결과 한 번 배운 것은 이틀 안에 70~80%

를 잊어버린다고 발표했다.

기억을 강화하려면 반복이 중요한데, 책 한 권을 느리게 정독하기보다 유사한 분야의 책 3권을 빠르게 매일 30분씩 읽으면 비슷한 내용을 여러 번 읽게 되기 때문에 핵심 내용을 반복 학습하는 효과가 나타날 수 있다. 이렇게 반복된 핵심 내용은 자연스럽게 단기 기억에서 장기기억으로 전환되어 한 주제에 대해 정확히 오래 기억하게 된다.

또한 하나의 책이 아닌 3권의 책을 비교하며 읽으면 부족한 내용을 서로 보완할 수 있고, 저자마다 가지고 있는 독특한 시각을 비교하며 읽는 재미를 느낄 수 있다. 나아가 세 저자의 관점을 종합적으로 분석하면서 사고의 확장을 경험하게 된다. 다양한 시각에서 내가 무엇을 취사선택하고 어떤 정보를 활용할 것인지 결정하는 힘을 기를 수 있게 되는 것이다.

이렇게 책 3권 읽기를 첫 번째 한 달 동안 실천했다면 읽었던 책과 유사한 분야의 다른 주제 책 3권을 읽는다. 예를 들어, 처음 한 달간 경제 이슈와 관련된 책을 읽었다면, 다음 달에는 유사한 분야인 투자나 재테크 분야의 책 3권을 읽는다. 그리고 마지막 3개월 차에는 경영 관련 책을 읽는다.

유사 분야에서 점차 확장된 독서를 실천하면 한 분야에 대한 지식을 확장하며 나만의 스키마를 만들 수 있게 된다. 피아제Piaget는 스키마를 인간의 머릿속에 저장된 지식의 구조로 정의했다. 하나의 책을 읽으면 그 책의 주제와 관련한 개념의 스키마가 머릿속에 자리 잡게 된다. 여기에 유사한 주제의 책을 추가로 읽게 되면 이전의 독서에서 만들어진 스키마에 더 세분화된 정보와 개념의 틀이 만들어지면서 체계적인 스키마를 형성하게 된다. 그리고 마지막 책을 읽게 되면 스키마가 더욱 정교화되고 여러 개념이 상하 위계를 형성하면서 나만의 스키마를 완성할 수 있게 되는 것이다.

그런데 왜 이러한 독서 습관을 3개월 동안 유지하라고 하는가?

유럽 사회 심리학 저널에 실린 영국 런던대 심리학과 연구팀의 조사에 따르면, 인간이 새 행동에 적응하는 데에는 평균 66일이 필요하다고 한다. 최소 두 달 이상 새로운 습관을 반복해야만 습관에 적응하고 자동으로 실천할 수 있게 된다는 것이다.

물론 습관을 형성하는 데에는 기간 외에도 동기, 환경 등의 요인이 영향을 미칠 수 있지만 개인적인 경험을 바탕으로 소개하자면 첫 번째 달은 적응기, 두 번째는 지속기, 세 번째는 반성 및 발전기로 3개월의 경험이 쌓여야 내가 만든 습관에 대한 확신과 나에게 더 적합한 방법을 적용해 지속할 수 있는 메타인지가 생기기 때문에 3개월 동안 독서 습관을 지속하라는 것이다.

한 주제에 대한 핵심 스키마를 만들고 또 유사한 분야로 독서를 확장하며 체계적인 스키마를 확장해 나가면서 333 Spread 독서법을 완성할 수 있다. 다양한 색과 재료를 규칙적으로 배열하여 형상을 나타내는 모자이크처럼, 한 분야의 책을 시작으로 주변 분야로 확장하며 완성해 나가는 333 Spread 독서법을 실천해 볼 것을 권한다.

> "사실 우리는 힘을 얻기 위해 독서해야 한다.
> 독서하는 자는 극도로 활기차야 한다.
> 책은 손안의 한 줄기 빛이어야 한다."
> − 에즈라 파운드 −

02
깊고 넓게 읽기
- 김수연

　내가 자주 가는 곳, 많은 시간을 머무르는 장소가 곧 나이다. 나는 평소 북 카페, 서점, 도서관에 머무르는 시간이 제일 많다. 집 앞에는 대형 북 카페가 있다. 집 옆 건물은 도서관이다. 독립 서점은 내가 사랑하며 즐겨 찾는 곳이다. 북 카페에서 추천하는 책들을 주로 읽는다. 베스트셀러라고 섣불리 읽지 않는다. 가끔 제목이나 추천자를 믿고 구매했다 실망하는 일들이 종종 있었기 때문이다.

　책을 읽기 시작하고 인생이 송두리째 바뀌었다. 10년 전 나는 늘 허했고 무기력했다. 외국어 공부에 매달렸지만 자본주의의 허영이 고팠고, 오히려 길을 잃고 헤매는 날들은 늘어갔다. 그러던 중 우연히 독서 모임에 참여했고 어려운 책들을 읽는 모임에 빠져들었다. 고전의 맛을 알았고 어려웠지만 향유했다.

함께하는 사람들의 문학, 사회, 철학, 과학, 예술을 귀동냥하는 사이 앎에 대한 호기심은 깊어만 갔다. 나는 무조건 읽었고 닥치는 대로 읽었다. 나에게 독서전략 같은 건 없었다. 가랑이가 찢어질 정도로 읽었다. 학창 시절 공부와 책을 가까이 한 경험이 별로 없는 나의 뇌에 독서의 공간이 없었기에 내가 동경하는 동료 샘들이 한 번 읽는 책을 서너 번 읽어도 이해가 어려웠다. 그들과 함께하려면 읽고 또 읽는 수밖에 다른 도리는 없었다.

독서력을 키우기 위해 우리는 어떤 전략을 구사할 수 있을까?

첫째, 고전이 답이다.

길고 긴 시간 동안 인간을 지탱할 수 있도록 도와준 책들은 이미 시대를 초월하여 사람들의 가슴에 불을 지피고 살아갈 힘을 저장시켰다. 방황의 길을 멈추고 저마다의 방식으로 자기답게 살 길을 제시했다. 희미하게 길이 보이면 우리는 그 길을 따라 걸으며 자신의 향기와 별을 반짝이게 할 수 있었다. 즐겁게 헤매는 법을 깨닫고 생을 음미하는 방식으로 저마다 지닌 탁월함, 아레테arete를 발현할 기회를 선물처럼 받게 된다.

둘째, 하루에 단 몇 분이라도 책에 자신을 노출시켜라.

독서 시간은 처음 시작은 미미하나 끝은 창대하리라는 믿음을 만나는 시간이다. 책을 안 읽어서 잘못된 사람은 있어도 많이 읽어서 삐뚤어졌다는 사람은 보지 못했다. 책은 사유하는 시간을 제공하여 생각하는 힘을 길러준다. 과거를 다시 쓰게 하고 현재를 누리며 미래를 탄생시켜 창조하게 하는 힘이 있다.

믿지 못하겠으면 그냥 읽어라! 알게 된다. 책들이 있는 공간에 머무르는 시간을 만들어서 책의 향기에 젖어 풍경을 음미하는 기쁨을 만나는 것도 방법이 되겠다. 하루라도 책을 읽지 않으면 목에 가시가 걸린다는 공자님의 말씀이 이젠 나의 이야기가 되었다. 고요하게 나를 만나러 가는 시간이다. 결국 산다는 건 나답게 살기 위한 해답을 찾아가는 시간이다. 그 시간이 없다면 알에서 깨어 나올 시간은 거부당

한다. 산다는 건 거듭나기 위한 몸부림이다. 책으로부터의 사유는 삶이라는 여정에서 실패할 확률을 줄여주기에 선택이 아닌 필수여야만 한다.

새벽 4시 40분에 알람을 맞추고 동이 트는 것을 보며 책을 읽었다. 고요하게 책에 온전히 몰입하는 시간은 떠오르는 태양도 나를 응원하는 시간이다. 이 시간을 그냥 흘려보내는 것은 하루 안에 스며드는 경이를 외면하는 것이다. 물론 밤 시간의 마력도 마찬가지이다. 몰입과 집중은 허용하는 시간의 성장 동력이 된다.

큰애가 중학교 2학년이 된 이후로 나는 수면에 긴 시간을 할애하지 못했다. 우리는 남양주에 살았고 아이의 학교는 고양시에 있었기에 등하교를 도와주어야 했다. 독서실이 으슥한 곳에 있었기에 매일 새벽 두 시에 데리러 갔다.

이순을 지나는 지금도 나는 밤에 깨어 아침을 맞는 날들이 있다. 뇌 과학자들이나 의사들이 건강을 우려하는 목소리를 낼 수 있으나 아직 나는 무척 건강하다. 밤에 누구보다 잘 자고 누구보다 잘 깨어 행복한 바이러스를 뿜뿜하고 있다. 오만이라고 꾸짖어도 어쩔 수 없다. 30년 동안 자주 밤에 깨어 있었으며 병원을 간 기억은 손에 꼽을 정도이다. 건강은 확신하는 것이 아니라지만, 자본주의와 걸음을 같이하는 의학에 휘둘릴 마음이 없다.

책을 읽으면 세상을 무조건으로 수용하기보다 나만의 시선으로 재단하는 능력이 생긴다. "이건 이래야 하고 저건 저래야 한다."는 나의 언어가 아니다. '무소의 뿔처럼 혼자서 가라'는 불교 경전의 말씀처럼 나만의 지도를 그려 세상을 향유하는 즐거움을 누리자.

셋째, 다독하고 정독하라.

물론 자기 스타일의 책 읽기가 선호되어야 하겠으나, 어떤 책은 오래도록 붙잡을 필요보다는 후다닥 읽어 나의 독서 근력을 다지기에 도움이 되기도 한다. 일 년에 단 몇 권을 읽기에는 우리가 필수로 만나야 할 책들은 차고 넘친다. 불멸의 삶이라면 가능하겠지만 필멸의 인간은 선택해야 한다.

후루룩 읽으며 발췌 독서를 하고, 한 권을 여러 번 읽으며 필사 독서를 할 책을 만난다. 나 같은 경우는 우선 한번 잡은 책은 어떤 방식으로든 완독하려 한다. 어떤 책도 나쁜 책은 없다는 이유에서다.

다독 없이 정독으로 넘어가기에는 독서에 한계가 있다고

생각한다. 필요가 경험을 만들고 경험에서 노하우가 생긴다. 나만의 독서 방법이 생겨 내공이 쌓이면 작가와 책 한 권을 깊이 만나는 즐거움을 알게 된다. 인생도 마찬가지다. 나만의 방식으로 삶을 음미하는 것은 거저 오지 않는다. 생에 미치도록 빠져 호기심으로 배우고 치열하게 익힌 자만이 경험에서 우려지는 진국의 짜릿함을 선물 받는다. 읽는 사람은 삶을 허투루 살게 내버려두지 않는다. 다독과 정독 사이를 줄타기하라! 이번 생은 내 것이 된다.

넷째, 독서 노트를 만들어라.

나만의 독서 노트는 내 인생의 지도를 그리는 지름길이 된다. 인간은 망각의 동물이기에 읽을 때 생각한 사유와 회상, 상상, 감상은 이내 내 기억에서 사라져 버린다. 정작 필요할 때 꺼내 쓰려고 해도 도무지 기억해 낼 수 없다. 독서 노트는 이제 나에게 명품 책만큼이나 중요한 기록이 되었다. 피가 되고 살이 되어주는 노트는 블로그나 공책에 빼곡하게 활자를 수놓는다. 삶의 등대가 되어주고 길잡이가 되어줄 것이다.

처음에는 한 문장이어도 좋다. 책을 다 읽은 후 한 문장만 마음에 남길 수 있어도 훌륭하다고 한다. 책을 읽을 때 줄을 긋고 빈 여백에 내 생각을 쓰는 습관을 들이고 있다. 독서 노트를 기록할 때 큰 도움이 된다.

사는 대로 생각하지 않고 생각한 대로 살기 위해 우리는 독서도 전략적으로 깊이 있게 접근할 필요가 있다.

"좋은 책을 읽는 것은
수많은 고상한 사람과 대화를 나누는 것과 같다."
- 괴테 -

03
삶과 연계된 독서

- 김원배

　사십 중반까지의 내 삶은 무의미한 삶이었다. 그저 직장 다니고 돈 벌고 시간 나면 술 마시며 즐기는 삶의 연속이었다. 자기소개서란에 항상 취미는 독서라고 적었다. 1년에 한 권 읽을까 말까 한데, 취미가 독서라니, 완전히 난센스의 삶을 살았던 것이다.

　진로 진학 상담교사로 발령받으면서 내 삶은 서서히 바뀌기 시작했다. '나는 성실하다고 생각했는데, 내 미래에 대해서는 절대로 성실하지 않은 삶을 살고 있었구나.'라는 생각이 들기 시작했다. 책을 쓰고 강연을 다니는 사람들은 뭔가 특별해서가 아니라, 오래전부터 자신의 삶을 돌아보고 꾸준하게 공부하면서 자기계발을 한 사람들이라는 사실을 강의를 들으면서 깨닫게 됐다. 독서법 책을 읽으면서 '취미가 독서'라고 평생 우려먹었던 것이 창피하기도 했다. 수많은 사람들이 책을 읽음으로써 성장하는 삶을 살고 있다는데 나도 도전해 보고 싶다는 욕심이 들기 시작했다.

오십이 되면서 책을 체계적으로 읽기 시작했고, 책 속의 문장들을 내 삶과 연결시키는 활동을 실천하기 시작했다. 아직 갈 길은 멀지만 뇌 과학에서 말하는 독서를 통해 뇌가 활성화된다는 말들이 나에게도 적용될 것이라고 믿고 매일 매일 읽기 시작했다. 그 길이 인생 2막을 설계하는 길이기도 했고, 제자들을 길러내는 자양분이 되기도 했다.

평생의 길을 책에서 찾은 근대 교육의 아버지 페스탈로치는 가난한 사람을 돕는 법률가가 되려고 했었다. 어느 날 장 자크 루소의 『에밀』을 읽으면서 교육을 통해 참된 인간을 만드는 것이 더 중요하다는 사실을 깨닫고 교육에 헌신하게 된다. 지식이나 진리는 암기로 얻어지는 것이 아니라 발견하고 깨우치는 것이라는 장 자크 루소의 사상은, 현대 교육을 탄생시킨 페스탈로치를 통해 학교가 발전해 오는 계기가 됐다. 가난한 사람을 돕는 삶을 살고자 했던 페스탈로치에게 책은 인생의 방향을 제시하고 평생 헌신할 일을 제시했다.

삼성그룹의 창업주 이병철 회장은 "가장 감명받은 책을 들라면 서슴지 않고 『논어』라고 말할 수밖에 없다. 내 생각이나 생활이 『논어』의 세계에서 벗어나지 못한다고 해도 만족한다."라고 말했다. 이병철 회장의 기업가 정신은 『논어』의 유교적 가치를 상징한다. 이 책을 통해 가장 중요하게 여긴 경영자의 자질을 닦도록 이끌어 준 지침서이기도 했다.

책 한 권은 그 사람의 인생을 완전히 다른 방향으로 바꾸는 계기가 된다. 내가 살아가는 삶의 흐름에 맞춰서 책을 읽으면 독서가 지루하지 않고 미래를 설계하는 지침이 될 것이다. 직장에서 프로젝트를 추진할 때도 결과를 예측하며 계획을 세운다. 모든 일에서 전후 사정을 미리 그려보는 사람과 그렇지 않은 사람은 결과에서 분명한 차이가 있다. 미래를 예측하며 행동하는 사람은 사건의 원인을 파악하여 결과를 예측할 수 있고, 그 결과에 대해 빠르게 반응할 수 있다.

인터넷 서점이나 오프라인 서점에서 책을 고를 때도 베스트셀러 코너를 먼저 가보는 것이 아니라 내가 관심 있는 분야에서 어떤 책들이 인기가 있는지부터 살펴봐야 한다. 목적 없이 서점을 방문하면 전혀 삶에 도움 되지 않는 아무런 책이나 선택할 확률이 높다. 책을 선택하기 전 여러 가지 정보를 통해 책의 내용을 대충 예상하면 사전에 준비 없이 읽는 것보다는 많은 이점이 있다. 책을 읽으면서 어느 부분에 중점을 두고 읽어야 할 것인가 생각할 수 있고, 책을 통해 무엇을 배우게 될지를 예상할 수 있다.

투자의 귀재 워런 버핏은 "당신의 인생을 가장 짧은 시간에 가장 위대하게 바꿔 줄 방법은 무엇인가? 만약 당신이 독서보다 더 좋은 방법을 알고 있다면 그 방법을 따르길 바란다. 그러나 인류가 현재까지 발견한 방법 가운데서만 찾는다면 당신은 결코 독서보다 더 좋은 방법을 찾을 수 없을 것이다."라고 말한다. 독서가 단순한 지식 습득을 넘어 인간의 삶에 미치는 깊은 영향을 강조하는 것이다. 그는 어떠한 방법도 짧은 시간 안에 인생을 바꿔 줄 수 없다고 말하면서 독서만이 인생을 가장 짧은 시간 안에 가장 위대하게 변화시킬 수 있다고 말하고 있다. 독서가 개인의 삶에 있어 변화를 이끌어 내는 가장 강력한 도구 중 하나라는 것은 성공한 사람들의 공통된 의견이다.

　퇴직을 앞둔 지인 중에는 서울에 있는 집을 팔아서 자녀에게 나눠주고 시골에 내려가서 농사를 지으면서 살겠다고 인생 2막을 준비하는 사람도 있고, 아직 뭘 해야 할지 몰라서 고민인 사람도 있다. 50대 중년이 되면서 할 것들이 줄어드는 것 같지만 의외로 할 것들이 많다는 것을 요즘 새삼 깨닫는다. 퇴직을 준비하는 지인들에게 책을 먼저 읽어보라고 하는데, 평소 읽지 않았던 사람들이 쉽게 손에 책을 잡고 집중하는 것이 쉬운 문제는 아니라고 말한다.

　우리는 경험하지 못한 것은 믿으려 하지 않는 경향도 있다. 워런 버핏, 빌 게이츠 등이 성공의 기반이 된 것은 '독서'라고 아무리 떠들어도, 자신과는 먼 이야기라고만 생각하기 때문이다. "책만 읽는다고 성공한다는 것이 가능하냐?"라고 물을 수도 있다. 지금부터 성공한 사람들이 읽었던 방식들을 들려줄 테니 '한번 도전하면서 퇴직을 준비하면 어떨까?' 하는 생각이 든다.

지금까지 취미로 책을 읽었다면 지금부터는 목적을 가지고 책을 읽는 것이다. 자신이 관심 있는 분야나 필요한 지식을 얻을 수 있는 책을 선택하면 독서에 대한 흥미를 높일 수 있다. 같은 분야의 책을 최소한 30권 정도는 읽어봐야 그 분야에 대해 자신감을 가질 수 있다. 책을 처음 읽으면 졸리기도 하고 집중도 안 될 것이다. 그럴 때는 소리 내서 읽어 보기도 하고, 밑줄 치고 메모하면서 읽으면 조금씩 집중력을 키울 수 있다. 즉 독서의 힘을 얻게 된다는 얘기다.

요즘은 온라인이나 오프라인 독서 모임들이 많이 있다. 또한 관심 분야의 독서 모임도 찾아서 활동하다 보면, 하나의 책 속 문장이 다른 언어로 가슴에 와닿는 것을 경험하게 될 것이다. 다른 사람들과 함께 책을 읽고 의견을 나누는 것은 독서력을 키우는 데 도움이 된다.

김수연 작가는 『나는 나로 살기로 했다』에서 "냉담한 세상에서 인간성을 잃지 않고 살아가기 위하여 우리는 자기 자신에게 조금 더 주의를 기울여야 하고 부당함과 모욕과 불안에 당당히 맞서야 한다. 그리고 나와 타인을 위해, 더 나은 사회를 위해 자신의 몫을 해야 한다. 보통의 존재가 내가 아닌 것을 시기하지 않으며 차가운 시선을 견디고 있는 그대로의 나로서 살아가기 위하여."라고 말하고 있다.

　우리는 타인의 시선과 평가에 얽매여 자기의 삶을 주체적으로 살지 못하는 경우가 많다. 그러나 자기의 삶을 주체적으로 살기 위해서는 자기 자신에게 관심을 가지고 집중해야 한다. 자신의 감정과 생각을 솔직하게 표현하고, 자신의 가치관과 목표를 바탕으로 삶을 계획하고 실천해야 하는 것이다. 인생 2막으로 어떤 일을 하든지 간에 자기 삶과의 연결성을 찾아야 한다.

　삶에서 우리는 끊임없이 결정을 내리고 선택의 기로에 서게 된다. 이때 독서는 우리의 선택에 지혜로운 기준을 제공해 준다. 성공적인 인물들의 자서전, 역사적 사건을 다룬 책, 그리고 다양한 분야의 연구 결과들은 우리가 결정을 내릴 때 고려할 다양한 정보와 지혜를 알려준다. 이러한 지식의 축적은 우리가 보다 현명하게 삶을 설계하고, 장기적인 안목으로 계획을 세우는 데 큰 영향을 끼친다.

"그저 생각하고, 생활을 위해 독서하라"
- 프랜시스 베이컨 -

04
독서력,
삶을 풍요롭게 만드는 힘
– 박춘이

많은 사람이 좋은 독서란 단순히 책을 많이 읽는 것이라고 생각한다. 어릴 때부터 "책을 많이 읽어야 해!"라는 말을 수도 없이 들어서일 것이다. 하지만 단순히 양을 늘리는 독서는 금방 흥미를 잃고 무의미하게 느껴질 수 있다.

책을 읽는 진정한 즐거움은 바로 '독서력'에서 나온다. 독서력이란 단순히 책의 글자를 읽고 넘기는 것이 아니라, 그 안에 담긴 의미를 이해하고 분석하여 자신의 삶과 연결하며 생각의 폭을 넓히는 능력이다. 독서는 지식 습득 이상의 의미를 가지며, 다양한 시각과 통찰을 제공하는 도구가 된다. 이를 통해 우리는 단순한 독서 습관에서 나아가 삶에 적용할 수 있는 능력을 기르게 된다.

나는 어릴 때부터 책을 가까이하는 환경에서 자라지 않았다. 책을 많이 읽는 편도 아니었고, 책이 그리 재미있는 것이라고 생각하지도 않았다. 그러나 우연히 한 권의 책을 읽고 나서 독서가 단순한 정보 습득을 넘어서, 내 사고를 변화시키고 감정을 깊이 다듬어 줄 수 있다는 사실을 깨달았다. 그때부터 독서를 습관으로 만들기 위해 여러 시도를 하면서 자연스럽게 독서력을 키워갈 수 있었다.

독서력을 키우기 위한 독서 습관을 기르기

1) 작은 목표로 시작하기

독서 습관을 들이기 위해 처음부터 거창한 목표를 세울 필요가 없다. '한 달에 한 권 읽기'나 '하루 10분 독서하기'처럼 작고 현실적인 목표부터 세워보자. 작은 목표를 꾸준히 달성하면 성취감이 쌓이고 독서에 대한 자신감이 생긴다.

나는 처음에 '하루에 10분씩 책 읽기'로 목표를 세웠다. 하지만 바쁜 날이 많아 꾸준히 실천하지 못할 때도 있었다.

그래서 작은 보상을 더해보기로 했다. 하루 10분 독서를 실천한 후 따뜻한 차 한 잔을 마시며 스스로를 격려했다. 이런 작은 보상이 쌓이다 보니 어느새 독서가 하루의 자연스러운 루틴이 되었다.

2) 정해진 시간에 독서하기

꾸준한 독서 습관을 만들려면 일정한 독서 시간을 정하는 것이 중요하다. 아침의 고요한 시간에 커피 한 잔과 함께 읽거나, 잠들기 전 침대에서 책을 펼치는 것처럼 일상에 독서를 자연스럽게 녹여보자. 중요한 것은 매일 일정한 시간을 정해 지키는 것이다.

나는 개인적으로 새벽 시간을 이용해 독서를 했다. 아이를 픽업하는 과정에서 잠시 공원 벤치에 앉아 책을 펼쳐 보기도 했다. 짧게라도 독서하는 시간이 소중하게 느껴졌고, 이를 지속할 수 있는 힘이 생겼다. 이런 습관이 자리 잡으면 독서가 일상이 되고, 자연스럽게 독서량도 늘어날 것이다.

3) 다양한 분야의 책 읽기

독서력을 높이려면 특정 분야에만 치우치지 말고 다양한 장르를 접하는 것이 중요하다. 인문학, 과학, 예술, 자기계발, 소설 등 다양한 책을 읽으며 사고의 폭을 확장하고 새로운 영감을 얻어보자.

나 역시 처음에는 자기계발서에 집중해서 읽다가, 문학작품과 철학 서적을 접하면서 사고의 깊이가 달라지는 경험을 했다. 특히 전혀 예상치 못한 분야에서 얻는 통찰이 때로는 가장 큰 깨달음을 주기도 한다. 다양한 분야의 책을 읽으면 나만의 생각을 더욱 풍성하게 만들 수 있다.

독서를 즐길 수 있는 환경 만들기

1) 독서 모임 참여하기

책을 읽고 혼자만의 생각에 머물지 말고, 다른 사람들과 토론하며 독서의 즐거움을 배가시켜보자. 독서 모임은 책을 함께 읽고 의견을 나누며 깊은 통찰을 얻는 좋은 방법이다. 다양한 관점에서 같은 책을 바라보며 사고의 틀을 확장할 수 있고, 꾸준히 독서를 이어가는 동기부여도 된다.

2) 온라인 커뮤니티 활용하기

오프라인 모임이 어렵다면 온라인 독서 커뮤니티를 활용

하는 것도 좋은 방법이다. 요즘은 SNS나 독서 카페를 통해 책에 대한 감상을 공유하고 다른 사람의 의견을 들을 수 있다.

나는 바쁜 시기에도 독서를 지속하기 위해 온라인 독서 카페를 적극 활용했다. 커뮤니티에서 사람들이 남긴 서평을 읽으며 나도 책을 다르게 바라보게 되었고, 읽은 책의 내용을 더 오래 기억할 수 있었다.

3) 독서 리스트 작성하기

독서를 지속적으로 이어가기 위해서는 자신만의 독서 리스트를 만들어 보는 것도 좋다. 읽고 싶은 책을 미리 정리하고 하나씩 체크해 나가면서 성취감을 느낄 수 있다.

나는 모바일 메모장에 읽고 싶은 책을 정리하고, 한 권씩 읽을 때마다 체크 박스에 체크를 하는 습관을 들였다. 때로는 리스트를 다시 보며 아직 읽지 못한 책을 선정해 다음 독서 계획을 세우기도 했다.

독서력을 키우기 위한 실천 방법

책을 읽고 난 후 느낀 점이나 인상 깊은 구절을 기록하는 습관을 들이면 독서 경험이 더욱 풍부해진다. 단순한 기록이 아니라, 책을 통해 배운 것을 나의 삶에 적용하는 것이 핵심이다.

나는 독서를 지속하기 위해 다양한 독서 모임에 참여해보았다. 그러나 단순히 참여자로 있을 때는 자주 빠질 핑계를 찾곤 했다. 이런 점을 극복하기 위해 스스로 독서 모임 리더가 되기로 결심했다. 리더가 되어 보니, 단순히 책을 읽고 독려하는 것 이상으로 모임을 운영하는 데 다양한 역할이 필요하다는 것을 깨달았다.

이 과정에서 여러 형태의 독서 모임을 운영해보며 경험을 쌓았다. 결국 2024년 4월, '북랜드 북클럽 프로젝트(북북프)'라는 독서 모임 공동체를 개설했다. 6주간의 리더 트레이닝을 거쳐 각자가 자신만의 색깔로 독서 모임을 운영할 수 있도록 했다.

북북프 리더 1기를 마친 후, 많은 리더들이 가장 크게 느낀 변화는 독서력의 향상이었다. 단순한 독서를 넘어, 리더로서 모임원들에게 어떻게 전달하고 적용할지 고민하면서 독서의 깊이가 달라졌다는 것이다. 결국 독서 모임에서 가장 큰 혜택을 보는 사람은 리더라는 점을 깨닫게 되었다.

독서력, 삶을 바꾸는 힘

독서력은 단순한 습관이 아니라 삶을 풍요롭게 하는 힘이다. 중요한 것은 꾸준히 책을 읽으며, 그 속에서 나만의 통찰을 발견하는 것이다. 작은 목표부터 시작해 독서 습관을 만들고, 다양한 책을 접하며 다른 사람들과 생각을 나누어 보자. 독서는 우리 삶의 방향을 잡아주고, 성장할 수 있는 기회를 제공해 준다. 여러분도 책을 통해 새로운 가능성을 발견하고, 독서의 즐거움을 온전히 만끽하길 바란다.

> "책이란,
> 한 번의 인생으로는 충분하지 않은 이들에게 주어지는
> 두 번째 인생이다."
> – 루이스 캐럴 –

05
'꼼독'을 아시나요?
– 김은미

독서력이란 책을 읽어서 이해하고 즐기는 능력이다. 책을 열심히 읽었는데 무슨 내용인지 이해되지 않는다면 당연히 즐거움 또한 누릴 수 없을 것이다. 글은 매우 복잡한 대상이므로 잘 이해하기 위해서는 적극적으로 읽고 기술적으로 읽어야 한다.

『생각을 넓혀주는 독서법』의 저자 애들러와 도렌은 "적극적으로 읽어야 한다. 기술적으로 읽어야 한다. 독서의 목적을 구분해서 읽어야 한다."라고 강조한다.

흥미나 정보를 얻으려는 독서는 덜 적극적인 독서이다. 반면 깨달음이나 이해를 얻으려는 독서는 적극적인 독서이다.

독서의 습관화와 독서력을 높이기 위한 방법 중 효과를 톡톡히 본 '꼼독'과 '음독'을 소개하고자 한다.

먼저 '꼼독'은 '꼼짝하지 않고 독서 하기'를 말한다. 꼼독은 과거 학교에 갓 입학한 초등 1학년 어린이들의 바른 독서 습관을 기르기 위해 활용되던 방법 중 한 가지이다. 어린이들은 1년 동안 꾸준히 꼼독을 실행하면서 자연스럽게 집중력과 지구력을 기를 수 있도록 했다. 그러나 요즈음에는 어린이뿐만 아니라 성인들도 독서하면서 금세 집중력이 흐트러진다. 그래서 이 방법은 어린이와 성인 모두에게 효과가 좋은 독서법이다. 꼼독은 짧은 시간일지라도 책 속에 온전히 몰입하기 위한 훈련법으로 독서 시간, 혹은 독서 분량을 정하여 그 시간 동안 꼼짝하지 않고 독서에만 몰입하는 것이다. 이 방법은 일정 시간 동안 집중력을 유지하여 정해진 목표를 완수하게 하는 데 탁월한 효과가 있으니 모두 꼭 시도해보길 바란다.

꼼독을 시작할 때 가장 먼저 알아두어야 할 것은 집중력을 흩트리는 요소들을 제거하고 온전히 몰입하는 훈련을 목표로 한다는 것이다. 그래서 꼼독을 진행하는 동안 어디에도 한눈팔지 않도록 환경 조성을 먼저 하는 것이 좋다. 책을 읽다가 목이 말라 물을 마시러 가거나 화장실을 가는 것, 자세가 불편해서 기대는 것, 스마트폰에 신경을 빼앗기는 것을 유의해야 한다.

꼼독을 하기 위해서는 먼저 독서 시간이나 독서 분량을 정한다. 보통의 집중력이라면 독서 시간은 20분에서 30분 정도가 적당하고 독서 분량은 30페이지 내외 정도가 적당하다. 처음부터 욕심을 내어 많은 시간, 많은 분량을 계획하면 금방 지칠 수 있다. 누워서 스마트폰을 들여다보는 것은 1시간도 쉽지만, 책상 앞에 바르게 앉아 집중해서 책을 읽는 것은 생각보다 어렵게 느껴질 수도 있다.

꼼독을 처음 시작할 때 준비 사항

- 독서 시간이나 독서 분량을 정했다면 소음이 적은 공간을 선택한다.
- 물건이 많은 곳보다는 적은 곳이 집중하기에 수월하다.
- 어느 정도 꼼독이 훈련되면 소란스러운 곳만 아니라면 장소는 크게 중요하지 않다.
- 책을 읽기 전 목이 마르지 않도록 적당한 물을 미리 마셔두고, 화장실도 다녀온다.
- 책을 읽는 중간에 카톡이나 문자를 확인하거나 전화 통화를 하지 않도록 스마트폰은 진동, 혹은 무음으로 설정 후 약간의 거리를

> 두고 놓는 것이 좋다.
> - 자세가 흐트러지면 마음도 함께 흐트러지므로 자세는 할 수 있는 한 바른 자세를 유지한다.

꼼독을 하면서 짧은 시간이라도 책에 온전히 집중하면 자연스럽게 독서력이 향상된다. 처음 시작할 때는 자꾸 신경이 분산되고 움직이고 싶을 수도 있다. 그러니 처음부터 무리한 목표를 설정하지 말고 가볍게 시작하는 것이 좋다. 바쁜 일상으로 매일 하는 것이 어려울 때는 일주일에 하루, 이틀 정도 꼼독을 실천해 보고 평소에는 가볍게 읽는 것이 좋다. 이후 천천히 시간이나 분량을 늘려 나가면 된다. 꼼독을 꾸준히 하면서 생활화가 되면 어느새 독서력은 훌쩍 성장한다. 꼼독은 독서력뿐만 아니라 집중력과 주의력을 향상시킨다. 이로 인해 학습 능력과 업무 능력 신장에도 매우 도움이 되는 방법이므로 꼭 훈련해 보길 바란다.

아이가 초등학생 시절에는 동화책을 참 좋아했는데 비문학 도서 읽기는 어려워했다. 그래서 함께 꼼독을 실행했다. 우리는 짧게 10분의 시간을 정했다. 처음에는 책을 곧잘 읽더니 금세 목마르다고 물 마시기를 반복하고 곧 과도한 물

마시기로 화장실을 들락날락하면서 장렬히 실패했다. 다음 날에는 아이에게 미리 물도 마시고 화장실도 다녀오게 한 후 책을 읽었다. 5분 정도는 순조롭게 읽었는데, 너무 조용하고 책이 지루해서 자신도 모르게 졸린다고 언제까지 읽어야 하냐고 짜증을 내었다. 셋째 날에는 조금 더 재미있는 책을 고른 후 알람 시계를 맞춰 주고 알람이 울릴 때까지 바르게 앉아 책을 읽어보기로 했다. 5분이 지난 후에 조금씩 꾸물거리면서도 알람이 울리기를 기다리며 책을 읽더니, 알람이 울리자마자 "야호" 하고 외쳤다. 스스로 해냈다는 성취감을 느낀 아이는 한 번 더 해보고 싶다고 했다. 이후 욕심부리지 않고 천천히 시간을 늘려나갔다.

몇 달이 지나 방학이 되어 우리는 조금 더 시간을 늘렸다. 어느 날 아침, 출근 준비를 마치고 나와보니 아이가 거실 책상에 앉아 책을 읽고 있었다. 그리고 나에게 말했다.

"엄마, 사람이 왜 책을 읽고, 공부를 해야 하는지 알겠어요."

다음으로 소리 내어 읽는 '음독'은 책을 꼼꼼히 읽는 데 도움이 된다. 몇 년 전 아이가 다니는 학교에서 학부모 동아리 회원을 모집한다는 안내문을 보았다. 학부모 동아리는 처음이라 신기한 마음으로 살펴보니 낭독 동아리가 있어서 신청하고 참여하였다. 보통 독서 동아리는 선정된 책을 집에서 미리 정해진 분량만큼 읽고, 모여서 작품, 작가에 대해 토의, 토론하는 방식이다. 늘 독서 동아리를 해보고 싶었으나 책 읽을 시간도 촉박한 워킹맘이었던 나에게는 그림의 떡이었다. 그런데 낭독 동아리는 함께 모여 읽는 것에 초점을 맞춘 동아리여서 집에서 미리 읽어올 필요 없이 그 자리에 참석하기만 하면 되니 부담 없이 참여할 수 있었다. 우리는 하나의 책을 선정한 후 넓게 둘러앉아 각자 10여 분 가량 소리 내어 책을 읽었다.

동아리 회원들은 처음에는 오며 가며 안면만 있거나 처음 마주한 사람들이 많아서 목소리를 내는 것을 매우 쑥스러워했다. 그러나 첫 번째 회원이 읽기 시작하자 짧은 시간 만에 책 속의 내용에 몰입하게 되고 자연스럽게 옆 회원으로 넘어가게 되었다. 약속된 90분이 지나 그 자리에 참석한 사람이 모두 책을 읽고 짧게 소감을 발표하였는데, 혼자 집에서 책을 읽을 때는 그냥 휙휙 지나가던 것들까지 세세하게 볼 수 있어서 좋았다는 반응이 대부분이었다.

글을 소리 내어 읽으면 문장을 끝까지 정확히 읽게 된다. 우리는 눈으로 글을 읽을 때 자신도 모르게 조사나 문장의 뒷부분을 바꾸어 인식하기도 한다. 그러나 소리 내어 읽을 때는 문장의 끝까지 집중력을 유지하게 된다. 책을 소리 내어 읽는 것은 세 번 읽는 효과를 낸다. 음독하기 위해 먼저 눈으로 책을 읽고, 다음으로 입으로 소리 내어 읽고, 마지막으로 자신이 낸 소리를 귀로 들으며 읽게 되기 때문이다. 그래서 더욱 책에 집중하게 되고, 자연스럽게 감정이입이 이루어진다. 이러한 원리를 깨닫자, 동아리 모임에 참석하는 것이 더욱 즐거워졌다.

이후로도 집중이 필요한 책을 읽을 때 이러한 원리를 적용하고 있다. 특히 학생들의 경우 교과서를 소리 내어 읽게 하면 어휘력과 문해력이 빠르게 향상될 수 있다. 시험 문제를 풀 때마다 유독 실수로 틀리는 일이 잦거나 서술형 문제를 만나면 움츠러드는 학생들에게 매우 도움이 되는 방법이 음독이다.

얼마 전 상담을 온 학부모님께서도 자녀가 평소에는 야무지고 똘똘한데 시험만 보면 점수가 엉망이라며 걱정하셨다. 이 학생에게 글을 소리 내어 읽게 해보니 조사를 임의로 바꾸어 읽거나, 아예 빼고 읽는 것이 발견되었다. 그리고 문장의 뒷부분이나 서술어를 변형하여 읽기도 했다. 심지어 자신이 그렇게 읽었다는 것을 전혀 인지하지 못했다.

어른의 독서 역시 비슷하다. 같은 부분을 읽고도 다르게 인지하거나 이해가 쉽게 안 되는 경우 자신이 한 문장, 한 문단의 끝까지 집중해서 읽고 있는지 살펴볼 필요가 있다. 자신도 모르게 문장이 끝나기도 전에 다른 문장으로 눈이 가지는 않는지 점검해 보고 소리 내어 읽어보는 것이 좋다. 음독은 이러한 문제들에 있어 훌륭한 해결책이 되기도 한다.

이외에도 독서력을 높이기 위한 몇 가지의 방법이 있다. 먼저 주변 환경을 독서 친화적으로 만드는 것이다. 책꽂이에 가지런히 꽂혀 있는 책은 단정하고 아름답다. 그러나 우리의 주의를 끌지 못하고 실내 장식의 일부가 될 뿐이다. 언제든 책을 볼 수 있도록 손이 닿는 곳에 책을 두고 전시하는 것은 매우 좋은 방법이다.

책을 전시할 때는 읽어야 할 책, 보고 싶은 책들을 몇 권 선별한다. 주제별, 작가별, 장르별, 시대별로 책을 골라도 좋다. 선별한 책을 책등이 아닌 표지가 보이도록 책꽂이의 전면에 배치한다. 책꽂이가 없는 공간은 북 스탠드를 활용한다. 자신이 자주 머무르는 공간, 가족이 함께 머무는 거실, 주방, 테이블 등에 한두 권의 책을 전시한다. 일상생활 속에서 자연스럽게 책에 눈길이 가도록 전시해 두면 잠깐의 여유가 생겼을 때, 과도한 전자기기 사용으로 피로할 때, 지루할 때, 삶의 환기가 필요할 때 책을 집어 들게 될 것이다.

또한 함께 읽을 때 독서의 즐거움을 더욱 크게 느낄 수 있다. 독서는 작가와 독자만의 내밀한 만남이다. 그래서 혼자 조용히 읽을 때 깊이 몰두할 수 있다. 그런데 함께 읽으면 더욱 풍부하게 읽을 수 있다. 가족, 이웃, 직장 동료 등과 함께 같은 책을 사서 읽고 이야기를 나누어 본다. 같은 책을 읽어도 각자의 환경과 관점에 따라 다르게 파악되는 부분들이 있다. 그리고 각자가 인상 깊게 본 부분이 다르므로 독서 후에 함께 나누는 활동은 더욱 풍성한 독서를 가능하게 해 준다.

한 권의 책을 가족의 공용 공간에 전시하여 함께 읽어보는 것도 좋다. 다양한 색깔의 펜을 놓아두고 각자의 색을 정한 후 인상 깊은 문장에 밑줄을 긋거나 짧게 각자의 느낌을 적으면 따로 또 같이 읽는 묘미를 느낄 수 있으며 독서도 즐거운 놀이가 될 수 있다.

요즈음에는 온라인에서 다양한 독서 모임이 운영되고 있다. 정해진 책의 분량을 매일 함께 읽고 인증하며 필사, 산책, 퀴즈, 서평 쓰기 등의 후속 활동을 통해 동반성장의 목표를 이루는 독서 모임들이 많다. 이러한 독서 모임에 가입하면 혼자 읽다가 방치되었던 책들도 쉽게 완독하며 깊이 있게 읽어볼 수 있다.

그간 책만 읽으면 여기저기 걸리고 지루하다고 느껴졌다면 꼼독을 실천해 보자. 책을 읽어도 무슨 내용인지 쉽게 와닿지 않는다면 소리 내어 읽는 음독을 해보자. 그리고 책을 늘 가까이 두고 주변인들과 함께 읽고, 이야기를 나누어 보자. 마음에 드는 독서 모임을 찾아서 함께 해보는 것도 좋으니 일단 시작해 보자. 그리고 꾸준히 실천해 보자. 어느 순간 단단하게 성장한 자신의 독서력을 확인할 수 있을 것이다. 이번에는 꼭 독서력을 키워 언젠가 읽어야지 하고 미루어 두었던 그 책들을 읽을 수 있길 응원한다.

"한 문장이라도 매일 조금씩 읽기로 결심하라.
하루 15분씩 시간을 내면 연말에는 변화가 느껴질 것이다."

— 호러스 맨 —

06
재미가 루틴으로
이어질 수 있도록

― 한인신

독서는 단지 문자를 해독하는 것이 아니다. 글자를 시각적으로 인지하고, 뇌가 그 정보를 처리하고, 그것을 우리의 기억과 연결한 뒤 누적된 지식을 통찰의 토대로 삼는 일련의 과정을 거친다. 이 과정을 거쳐야 삶의 지혜와 통찰로 이어질 수 있다. 이는 충분한 시간이 필요하다. 집중을 하는 데도, 정보를 처리하고 기억과 연결하는 데도 읽는 이의 의식적인 노력이 필요하고, 많은 시간이 걸린다. 그리고 자신의 삶을 성찰하며 통찰로 나아가는 데는 더 많은 시간과 노력이 필요하다.

재미있는 책을 읽게 되면 책을 읽는 것이 즐겁다는 걸 알게 된다. 책 읽는 즐거움을 알았을 때 책을 가까이할 가능성은 커진다. 그러나 책을 지속적으로 읽는 데는 충분한 시간이 필요하고, 읽는 동안에 의식적인 노력이 필요하다 보니 즉각적이고 찰나적인 자극을 보여주는 디지털 기기에 쉽게 밀려난다. 손만 까딱하면 수많은 이야기가 흘러가는 영상, 신기한 세상이 넘쳐나는 쇼츠, 듣고만 있어도 지식이 많아지는 듯한 착각이 생기는 유튜브들을 보면 시간이 언제 지나갔는지도 모르게 흘러가 있다. 바쁜 일상과 짬짬이 보는 디지털 매체로 하루가 저물고 만다. 책을 읽는 시간을 내는 것이 쉽지 않다고 느끼는 이유다.

제임스 클리어는 『아주 작은 습관의 힘』에서 다음과 같이 말했다.

"꾸준한 습관을 세우기 어려운 이유는 여럿 있지만 과정의 어려움도 그중 하나다. 변화는 극히 작고 눈에 보이는 결과는 없으니 쉽게 그만두는 것이다. 보통 우리는 '한 달 동안 매일 달리기를 했는데 왜 몸에 변화가 없지?'라고 생각한다. 한번 이런 생각이 들면 좋은 습관을 한쪽으로 밀어버리기 쉽다. 하지만 의미 있는 차이를 만들어내고 싶다면 정체기, 그러니까 여기서 '잠재력 잠복기'라고 부르는 기간을 돌파할 때까지 습관을 유지해야 한다. (…) 열심히 하는데 성과가 없다고 불평하는 건 온도가 영하 4도에서 영하 1도까지 올라가는 동안 왜 얼음이 녹지 않느냐고 불평하는 것과 같다. 노력은 결코 헛되지 않다. 쌓이고 있다. 모든 일은 0도가 되어야 일어난다."

책은 인간의 지성을 키우고 자신에 대한 이해와 삶의 불안을 줄여주는 훌륭한 매체임을 알지만, 독서 습관은 쉽게 만들어지지 않는다. 책을 읽는 것부터 독서 습관을 만드는 것까지 계속해서 시간을 들이고 노력을 기울여야 한다. 습관이 쌓여 변화가 생길 때까지 지속해야 한다. 독서가 습관이 되어 계속 읽게 되었을 때 비로소 책을 통한 자기 삶의 변화도 기대할 수 있기 때문이다.

재미있는 책을 고르자

"애들아, 책 읽자."
"샘, 책 읽고 나면 간식 주실 거죠?"

"그~~으럼, 당연하지. 딱 한 권만 읽으면 되거든."

"예? 한 권씩이나요? 그걸 어떻게 1시간 동안 다 읽어요? 저 책 한 권 읽어본 역사가 없는데."

"너희들 놀랄 거다. 15분이면 한 권을 다 읽을 수 있거든. 바로바로 그림책!"

"샘! 저희 중학생이에요. 누가 아직도 그림책을 봐요?"라고 말하는 아이에게 다른 아이들이 눈치를 주었다. 그림책이면 얼른 읽고 끝낼 수 있다는 계산을 끝낸 아이들은 그림책 무시 발언을 하는 아이의 허벅지를 찔렀다.

중학교에서 근무하고 있을 때의 일이다. 기초학력이 떨어지는 학생들을 모아 방과 후에 '부진아 지도'(아, 이 말이 얼마나 상처가 되겠는가? 그런데도 교육청은 아무렇지도 않게 이 말을 쓰고, 물론 그 용어를 학생들에게 쓰지 말라는 말까지 덧붙여 공문으로 지시를 하달하곤 했다.)를 해야 해서 학생들 몇몇을 남겼다. 이 아이들은 학교에 남는 것도 싫은데 책까지 읽어야 한다니 어떻게든 도망을 가려고 창의적인 아이디어를 제시하곤 했다. 아마도 부진아 수업의 내용보다 도망가기 위한 핑계를 창의적으로 만드는 게 아이들에게 도움이 되었을지도 모르겠다.

얼른 읽기를 끝내고 간식을 들고 바로 학교를 나가겠다는 마음의 준비를 마친 아이들의 눈빛은 빛났다. 그 당시의 나도 짧게 읽을 책으로 그림책을 생각해 자료를 찾아본 뒤 골랐지만, 아이들의 상황이나 마음을 고려하지는 않았다. 나 역시도 방과 후 수업을 무사히 끝내는 게 중요했기 때문이다. 일단 여러 사람이 추천한 책 중 몇 권을 골라 구매해서 아이들과 같이 읽었다.

『돼지책』이 첫 책이었던 것 같다. 아이들이 생각해도 너무 빨리 읽었다고 생각한 모양인지, 시키지도 않았는데 한 마디씩을 했다. 자기도 엄마를 돕지 않는다거나, 자기 아빠는 집안일을 잘 도와준다는 말이 나오다가, 한 학생이 자기 엄마가 불쌍하다는 얘기가 실마리가 되었다. 경제적으로 어려운 아이들이 많았기에 새벽부터 일을 나가시는 엄마 얘기로 분위기가 숙연해졌다. 그리고 집에 가서 엄마를 돕겠다는 다짐들을 내놓기 시작했다. 기분 좋아지는 마무리로 첫 시간을 무사히 마쳤다.

다음 시간에는 잘 올 거라고 조금 기대했지만, 애들은 역시 여러 창의적인 아이디어로 한두 명씩은 빠졌다. 그렇지만 애들을 찾으러 쫓아다니지 않아도 방과 후에 자발적으로 참여하는 애들의 숫자가 늘기 시작했다. 그리고 놀랍게도 그림'책'이 재밌다는 얘기까지 하는 것이다. 사실 나중에 한 아이는 나에게 다가와 조용하게 고백했다. 그림책을 처음 읽었다고. 더욱 놀라운 건 약간 두께가 있는 동화책『꽃들에게 희망을』까지 읽어냈다는 점이다.

중학생이 읽기에는 부끄럽다고 여겼던 그림책에서 아이들은 그림과 이야기의 재미를 알아가며 긴 분량의 책으로 조금씩 넘어갔다. 한 학생은 그때부터 점심시간에 학교 도서관을 다니기 시작했다. 그 학생이 도서관에서 책을 읽기 시작한 이유는 책이 재밌다는 걸 알았기 때문이고, 책 속에서 자기 고민을 풀어줄 실마리와 쌓였던 감정을 달래줄 말들을 찾을 수 있다는 걸 확인했기 때문이다.

사이토 다카시는 "독서력이 있다는 것은 독서 습관이 배어 있다는 뜻이기도 하다. 별 부담 없이 책을 잡을 수 있고 일상에서 자연스럽게 읽을 수 있는, 독서가 습관화된 힘, 바로 이것이 독서력이다."라고 말한다. 책 읽는 게 재미가 있으면 자연스럽게 책을 찾게 된다. 일상에서 자연스럽게 읽을 수 있는 독서 습관은 바로 재미에서 시작된다는 걸 그림책 읽기 지도에서 나는 확인한 셈이다.

2023년에 실시한 '독서 실태조사'에서 성인의 독서량은 '종이책 1.7권, 전자책 1.9권, 종이책+전자책 3.6권'이라고 발표했다. 성인이 1년에 책을 한 권도 읽지 않는 사람이 10명 중 7명이고, 읽는 사람도 종이책 1~2권 정도에 그치고 있다는 조사 결과였다.

　책을 읽으면 좋다는 걸 알기에 새해 다짐에 독서 하기를 많이 적곤 하는데 이렇게 독서량이 적은 이유는 뭘까? 아마 책을 끝까지 읽어야 한다는 부담감과 책에서 재미를 느끼지 못한 탓이 클 것이다. 끝까지 읽어야 한다는 부담은 내려놓고, 자신이 재미를 느끼는 책부터 읽자. 부담을 느끼는 독서를 지속할 수 없다. 처음부터 끝까지 읽는다는 부담도 내려놓고, 순서대로 읽어야 한다는 원칙도 치워두고 재미를 느끼는 부분만 읽어도 좋다. 그렇게 재미를 느끼는 독서부터 시작하면 책을 자주 읽을 수 있게 될 것이다.

　"책 안에는 정말 좋은 내용들이 있고, 읽다 보면 굉장히 재미있는 내용들도 많은데, 거기까지 가보기도 전에 많이 포기하게 되는 것 같아요. 차라리 이해 안 되는 부분은 과감하게 건너뛰세요. 그러다가 1년 정도 지나서 그 책을 다시 한번 읽어보세요. 그러면 신기하게도 이해되지 않았던 부분이 환하게 다시 보여요. 1년 지나서 읽어보면 예전보다 훨씬 이해가 잘되고 또다시 1년 후에 읽어보면 또 더 깊은 관점에서 나만의 해석을 창조할 수가 있어요."

작가 정여울의 조언이다. 재미있게 책을 읽고, 어려운 부분은 건너뛰기도 하면서 책 읽는 습관을 갖자. 그러다 보면 책을 이해하는 힘이 자연스레 커질 것이다.

자신만의 독서 루틴을 만들어보자

책을 읽는 재미를 느꼈다면 책을 꾸준하게 읽을 준비가 된 셈이다. 그러나 의식적으로 노력하고, 매일 책을 읽는 루틴을 만들지 않으면 책은 금세 손에서 멀어진다. 그러니 책을 꾸준하게 읽기 위해서는 매일 책을 읽는 자신만의 루틴을 만들어 두는 게 좋다.

첫째, 읽는 시간과 장소를 정하자.

자신의 생활 리듬을 살펴보면 아침에 책을 읽는 게 편한 사람이 있고, 저녁이나 밤에 책에 몰입이 잘 되는 사람이 있다. 또 백색 소음이 있는 카페에서 책이 잘 읽히는 사람이 있고, 자기 방에서 아주 조용해야 글자가 눈에 들어오는 사람이 있다. 혹은 지하철에서 잘 읽히는 사람이 있다. 책이 잘 읽히는 장소도 사람마다 다르다. 매일 출근하는 사람이 지하철에서 책이 잘 읽힌다면 매일의 출퇴근 시간에 책을 읽으면 된다. 밤에 책 읽는 게 좋다면 자기가 읽고 싶은 공간에서 잠깐이라도 책을 읽겠다고 마음을 먹으면 된다. 새벽 시간에 책을 읽는 게 편하다면 기상 시간 이후 책을 꾸준하게 읽을 수 있는 시간을 정해 매일 책을 읽으면서 하루를 시작할 수 있다.

책 읽는 습관을 들이기 위해 원대하거나 거창한 목표를 세우기보다 매일 꾸준하게, 10분이든 20분이든 짬을 내어 읽는 것을 목표로 두어야 지속할 수 있다. 꾸준한 작은 습관이 자신의 변화를 끌어낸다. 꾸준하지 않으면 변화는 생기지 않는다. 꾸준하기 위해서는 거창한 것보다 작은 목표인 것이 좋고, 손쉽게 할 수 있는 방법이어야 한다.

고등학교 교사는 8시까지 출근해야 한다. 담임이 되면서 아침 조회에 들어가기 전 조금이라도 여유를 두기 위해 7시 40분까지 출근해 보지만 여전히 아침이 바쁘다. 그래서 아예 차량이 막히는 출퇴근 시간을 피해 일찍 출근하기로 마음먹고, 6시 30분에 집을 나선다. 학교에 도착하면 7시나 7시 10분 정도인데, 그 뒤 20분 정도 책을 읽는 시간으로 정했다. 조용한 공간이면서 막히지 않는 공간에서 책 읽는 것을 좋아해 학교 내에서 그런 공간을 찾아 10분이든 20분이든 읽고 하루를 시작한다. 집중해서 읽고 흐름이 끊기는 걸 좋아하지 않는 탓에 아침 짧은 시간 읽기에는 수필처럼 가벼운 책이 좋았다. 그리고 밤에 책 읽는 것을 좋아하기에 생각을 깊게 하거나 집중이 필요한 책은 밤에 읽는 것으로 정하고 매일 책 읽는 것을 쉬지 않으려 노력한다. 이처럼 자신의 스타일에 적합한 시간과 장소를 정하면 매일 읽는 게 습관으로 자리 잡게 될 것이다.

둘째, 책을 여기저기 놓아두자.

아침에 출근해서 가벼운 책 읽기로 시작하려면 학교에 책이 있어야 한다. 그리고 밤에 읽을 책으로 좀 더 깊이 있는 책, 다소 어려운 책을 집에 두게 된다. 기본적으로 나는 하루에 두 개 이상의 책을 병행해서 읽게 되는 셈이다. 그리고 약속이 있어서 외출하는 경우 시간 여유가 생길 때 읽을 수 있는 책이 가방에 한 권 이상 늘 담겨 있다.

철학 교사이면서 여러 권의 책을 쓰기도 한 안광복은 가방 속에 세 권의 책을 넣고 다니라고 권한다. 한 권은 꼭 읽어야 할 고전, 뇌를 깨울 만한 맛깔스러운 읽을거리인 소설, 담백하지만 너무 무겁지 않은 심리학과 역사, 사회, 과학 분야의 책 중 하나를 추천하고 있다. 가방 속에 있는 다른 주제, 다른 수준의 책 세 권이 읽고 싶은 마음을 끊임없이 샘솟게 한다고 말한다. 그는 책 읽는 게 지루하지 않으면서도 상황에 맞게 책을 읽을 수 있도록 준비 해두는 것이 책 읽는 습관을 만드는 좋은 방법임을 알려주고 있다.

자신의 활동 반경을 고려해 손쉽게 책을 읽을 수 있도록 여러 권의 책을 여기저기 놓아두었을 때 책 읽는 습관이 자리 잡는다. 훌륭한 운동선수는 훈련을 하루도 거르지 않는다. 세계 랭킹 1위인 선수도 처음부터 1위로 시작한 적이 없다. 안 될 것 같지만 계속하고, 게임에서 이기는 몸을 만들기 위해 훈련을 이어간다. 이렇게 안 될 것 같은 때를 지나 계속하면서 '되는' 때를 만나기까지 인내하며 꾸준하게 훈련한다. 독서도 마찬가지다. 독서하는 몸을 만들기 위해 꾸준하게 읽어가는 습관을 길러야 하고, 그걸 이어가다 보면 책에 대한 이해와 감상이 제대로 '되는' 때를 만나게 될 것이다.

자신에게 맞는 책, 다소 어려운 책, 재밌는 책 등으로 도서 목록을 정해서 생활 공간 곳곳에 책을 놓아두자. 그곳에서 틈이 날 때마다 책을 읽으면 책 읽는 게 자연스럽게 여겨지는 몸이 될 것이며, 사람의 뇌 또한 책 읽는 것에 익숙해지고 짧은 시간 동안 책에 집중하는 뇌로 바뀌어 갈 것이다. 독서가 인간의 선천적 능력이 아니며, 새로운 지적 능력을 학습하기 위해 스스로 재편성하는 것이 인간 두뇌의 능력이라고 매리언 울프는 말한다. 처음부터 책을 좋아하고 집중해서 읽을 수 없는 게 어쩌면 당연하다. 그럼에도 불구하고 독서하는 뇌야말로 인간의 사고와 감성, 추론과 타인을 이해하는 능력을 키워주는 것이므로 책 읽는 몸과 뇌로 바꾸려는 노력을 계속해야 한다. 이를 위해 책 읽는 루틴이 꼭 필요하다.

> "인류는 책을 읽도록 태어나지 않았다.
> 독서는 뇌가 새로운 것을 배워
> 스스로를 재편성하는 과정에서 탄생한
> 인류의 기적적 발명이다."
> – 매리언 울프, 『책 읽는 뇌』 중에서 –

Part 6

독서와 글쓰기로 연결해 볼까?

01
독서의 소비자가 아닌 생산자가 돼라

– 송숙영

내가 가장 존경하는 선배 선생님이 퇴직을 준비하는 과정에서 나에게 물으셨다.

"선생님, 나 이제 은퇴하면 뭘 해야 할까?"

나는 주저 없이 선생님께 말했다.

"선생님, 글을 쓰세요."

늘 책을 가까이한 선생님이기에 자신 있게 글쓰기를 추천했다. 그런데 내 말에 선생님은 손사래를 치며 자신이 어떻게 글을 쓰냐고, 이제는 그럴 기력이 없다고 말씀하신다. 선생님은 은퇴 이후에 많은 시간을 확보할 수 있음에도 왜 글쓰기를 주저하는 걸까?

글쓰기에 대한 심리적 부담과 두려움 때문이다.

많은 사람은 자신의 글이 다른 사람에게 비판받을 것이라는 두려움을 가지고 있다. 또한 글을 쓴다면 완벽히 잘 써야 할 것 같다는 부담감 때문에 글쓰기를 주저한다. 이러한 생각이 드는 것은 개인의 나약함에서만 유발되는 것이 아니다.

『아주 작은 반복의 힘』의 저자 로버트 마우어는 우리의 뇌는 변화에 저항하도록 프로그램되어 있다고 말한다. 새 직장을 얻으려 할 때나, 새로운 만남을 가지려고 할 때 편도체는 우리 몸에 경고를 보낸다는 것이다. 즉, 그동안 하지 않았던 독서와 글쓰기를 하려고 하면 뇌에서 먼저 변화에 대한 저항의 신호를 보내고 있다는 것이다. 그 때문에 사람은 누구나 무엇인가에 대한 도전 앞에 두려움을 가지게 되는 것이다.

이러한 두려움을 극복하는 방법은 의도적으로 독서와 글쓰기를 할 수밖에 없는 환경을 만드는 것이다. 책 읽는 모임에 가입하고 글쓰기 챌린지 모임에 억지로라도 가입해야 한다.

그런데 모임에 가입했다고 하더라도 글이 잘 써지지 않는다. 어떻게 해야 글을 잘 쓸 수 있을까?

첫째, 관찰자의 눈으로 글감을 수집해야 한다.

일단 특정 주제에 대해 글쓰기를 하려고 하면 '무엇을 써야 하지?'라는 글감에 대한 고민이 앞선다. 내 안에 많은 생각들이 축적되어 있어야 글감을 고르기 수월하다. ChatGPT를 생각해 보자. 내가 아는 것일수록 질문이 풍부해져 더 많이 정확한 답변을 얻을 수 있는 것처럼, 글감도 마찬가지다. 일상의 시간을 무의미하게 보내면 그 안에서 영감을 얻거나 글감 경험, 새로운 시각을 얻지 못하기 때문에 당연히 쓸거리가 없어지는 것이다. 따라서 평소 주변을 주의 깊게 관찰하며 글감을 풍부하게 수집해 두어야 한다.

나는 글감 수집을 위해 블로그를 운영하고 있다. 사람들이 관심 있을 만할 주제의 글을 올리거나 일상에서 기억하고 싶은 글을 올리기도 하지만, 주된 목적은 블로그 이웃들의 글을 읽고 인사이트를 얻기 위함이다. 블로그에는 분야별 주제가 있는데 문학, 책 분야의 이웃들을 검색하고 그중에서 하나의 블로그에 이웃을 신청하면 매우 효과적이다. 그 이유는 서로 이웃을 맺기 시작하면 점차 관련 분야의 이웃이 많아지고 매일 이웃들이 올리는 색다른 시각이 담긴 글을 읽을 수 있기 때문이다. 짧은 글이지만 읽다 보면 식견이 넓어지는 것은 물론 공감과 감탄도 하게 된다. 그리고 글을 읽으며 드는 생각을 내 블로그에 기록하다 보면 어느새 나만의 글감 수집 창고가 만들어지게 된다.

둘째, 읽기와 쓰기를 일상화해야 한다.

처음 컴퓨터 타자 연습할 때를 떠올려 보자. 키보드 자판에 어떤 글자가 있는지 눈과 손이 자판을 익히느라 바쁘다. 그러나 연습을 오래 하면 자판을 보지 않고도 타자를 능숙하고 빠르게 칠 수 있다. 읽기와 쓰기도 마찬가지이다. 매일 조금씩 하다 보면 읽는 속도도 빨라지고 글을 쓰는 요령도 자연스럽게 터득하게 된다.

그런데 읽기와 쓰기를 매일 습관화하기란 여간 어려운 것이 아니다. 읽기와 쓰기를 습관화하는 데 가장 중요한 것은 일관성이다. 매일 정해진 장소와 시간에 주기적으로 글을 쓰는 연습을 해야 한다. 혼자서 글을 쓰기 어려운 사람은 모임에 가입해 스스로 강제성을 부여해야 한다. 함께 글을 쓰는 동료가 있다면 동료들의 도전하는 모습에 동기 부여를 받고 서로 피드백하며 실력을 쌓아나갈 수 있다. 평온한 마음으로 글쓰기를 하려면 오전 또는 일과를 마친 밤 등 본인이 가장 편안한 시간대와 장소를 정해두고 시작하는 것이 좋다.

그리고 다양한 장르에 대한 포용성을 가져야 한다. 여러 옷을 입어봐야 내 체형에 어울리는 것을 고를 안목이 만들어지는 것처럼 다양한 주제와 장르에 구애받지 않고 읽고 쓰기를 습관화해야 한다. 스스로 제한과 한계를 두지 말아라. 인간은 죽기 직전까지 세상을 탐색하며 살아가는 여행가이다. 다양한 장르와 스타일의 글을 시도하는 것은 새로운 모험을 떠나는 것과 같이 멋진 일이다.

또한 내가 하는 독서와 글쓰기에 가치를 부여해야 한다. 글을 쓰다 보면 내가 왜 이런 말도 안 되는 문장을 쓰고 있는지 자괴감이 든다. 또, 많은 작가가 남긴 멋진 문장들을 보면서 나는 왜 이렇게 안 되는지 한심하기 짝이 없다. 그럼에도 불구하고 당신은 글을 써야 한다. 지금은 형편없는 글처럼 보이지만 문장력이 좋아진 이후에 그 글은 당신의 성장을 증명해 주는 아주 좋은 추억이 될 것이다. 그리고 투박한 글이어도 괜찮다. 이 세상에 나의 흔적을 남기는 글쓰기는 그 자체로 가치 있고 아름다운 일이다. 멋들어진 문장이 아니더라도 삶의 지혜와 경험이 녹아든 글은 사람들의 마음을 움직인다.

셋째, 글쓰기의 목표를 명확히 하라.

나는 청소년기부터 독서와 거리가 먼 삶을 살았다. 그럼에도 뒤늦게나마 독서와 글쓰기를 습관화할 수 있었던 이유는 분명한 목표가 있었기 때문이다. '내 이름이 적힌 책을 한 권이라도 만들어보고 싶다.'라는 목표였다. 내 이름이 적힌 책을 만들기 위해서는 글쓰기를 할 수밖에 없었다.

당신의 삶에 있어서 글쓰기가 필요한 이유를 찾아보아라. 누군가는 스스로 마음을 치유하기 위해, 가족들에게 내가 남기고 싶은 말들을 전하기 위해, 나의 직업이나 경험의 기록을 통해 다른 사람에게 도움을 주기 위해 등등 다양한 목표가 있을 것이다. 목표가 만들어지면 그 목표를 달성하기 위해 언제, 어떻게, 어디서, 무엇을 할 것인지에 대한 구체적인 계획을 세워야 한다. 단순히 목표만 정하면 세월아 네월아 시간만 보내는 몽상가가 된다. 목표가 정해지면 3년, 1년, 1개월 단위로 목표와 세부 계획을 세워 실천해야 한다.

넷째, 글쓰기 채널을 다양화하고 폭넓게 도전하라.

글쓰기를 시작하고 습관화했다면 이후에는 채널을 다양화하고 폭넓은 분야에 도전해야 한다. 글쓰기 채널을 다양화해야 다양한 장르와 주제에 맞는 글쓰기를 연습할 수 있다. 예를 들어 네이버 블로그의 경우는 정보전달과 일상 기록이 주된 목적인 채널로 오늘 내가 실천한 내용, 느낌, 성장 과정 등을 기록하면 좋다. 이용자도 많고 주제 제한이 없으므로 일상의 글을 자유롭게 기록하고 필요한 정보를 스크랩해 저장해 두기도 쉽다. 더불어 내 블로그에 방문하는 이웃이 많아지면 애드포스트 기능을 통해 수익 창출로 연결될 수 있다.

카카오의 브런치 스토리는 에세이에 관련된 글이 많다. 자기 경험이나 직업적 경험 등 다른 사람들에게 메시지를 전달할 수 있는 수필 분야의 글이 많아서, 자기 경험을 어떻게 흥미롭게 풀어낼 것인지가 관건이다. 따라서 나만의 경험을 맛깔나게 표현할 수 있는 좋은 채널이기에 다양한 글쓰기 연습이 가능하다.

이렇게 사이트마다의 주력 분야를 파악해 채널별로 다양한 주제와 장르의 글쓰기를 연습하면 내가 쓰는 글의 넓이만큼 나의 시야와 생각도 점차 확장될 수 있다. 더불어 채널마다 수익을 창출할 수 있는 자격을 취득하면 N잡러가 되어 부수입을 통해 경제적 성장도 이룰 수 있다.

글쓰기를 하는 동안 내가 쓴 형편없는 글에 실망하기도

할 것이다. 그러나 글쓰기를 두려워하지 말고 매일 읽고 써라. 내가 쓴 모든 글이 유익하거나 도움이 되거나 굉장한 학문적 가치를 가질 수 없음을 인정하라. 그러나 글쓰기를 통해 내 인생의 한 문장을 만들 수만 있다면, 그 한 문장은 나를 독서의 소비자가 아닌 생산자로 만들어 글쓰기를 지속할 수 있는 자신감을 가져다줄 것이다.

내가 쓰는 모든 문장이 좋을 필요도 좋을 수도 없음을 인정하자. 가창력이 뛰어난 가수도 모든 가사와 소절에 힘을 주어 부르면 듣기 불편하다. 절절하게 끓어오르는 감정을 담아 부른 한 소절이 우리의 기억에 남는다는 사실을 기억하자. 모든 문장을 꾸며 멋진 문장으로 만들려고 하지 말고 우선 쓰기부터 시작하라. 당신의 인생을 완성해 줄 그 한 문장, 그 하나만으로도 글을 써야 하는 이유는 충분하다. 당신의 글쓰기 인생, 독서의 생산자로서의 제2막을 응원한다.

"하얀 새 종이가 눈앞에 있으면
우리는 그 위에 어떤 이야기든 펼칠 수 있다."
We see the brightness of a new page where everything yet can happen.
－라이너 마리아 릴케－

02
글쓰기로 완성하는 독서

– 김수연

왜 우리는 써야 할까?
읽기만 한다면 올바른 독서라 할 수 있을까?
잘 쓰려면 어떤 노력을 해야 할까?

독서를 하다 보면 자신에게 이런 질문을 하게 된다. '쓰는 것은 태초에 인류가 태어나며 가지는 본능이 아닐까?' 생각해 본다. 원시 시대에 벽에 무언가를 그리던 것이 쓰기의 단초가 되었을 것이다. 요즈음 문해력이 급격히 떨어지는 시대를 살아가는 아이들과 성인들의 소통의 부재가 사회의 시급한 문제로 대두되고 있다. 코로나로 학교에 갈 수 없었던 학생들의 수준 차이는 급격히 벌어졌다. 교사와 학생들의 인권이 곤두박질치며 교육대학교 지원자가 급격히 감소하여 미달 사태에 이르렀다는 이야기도 들려온다. 교과목의 문해력 난제를 해결하기 위해 교육계에서는 고군분투 중이다. 영상 매체에 대부분의 시간을 뺏기는 아이들이 독서에 흥미를 가지고 사유하는 시간을 보내는 것은 무엇보다 시급하고 소중한 일이다. 그러나 읽기만 해서는 독서의 완성이라 할 수 없다. 써야 한다.

우리는 왜 써야 할까?

읽는다는 것은 남의 생각을 읽는 것이다. 읽기만 한다면 반쪽짜리 독서가 된다. 온전한 독서의 완성은 쓰기가 함께 이루어져야 한다. 나는 어릴 때부터 일기 쓰는 것을 좋아했다. 책을 읽고부터는 짧게라도 나의 감상을 글로 남긴다. 쓴다는 것은 내 안의 생각을 꺼내 정돈하는 작업이다. 쓰는 동안 산더미처럼 쌓이고 거미줄처럼 얽힌 생각들이 하나씩 풀려간다. 인간은 사회적 동물이다. 공동체를 살아가며 소통과 공감은 필수다. 그것들의 부재에서 오는 고통은 무엇으로도 해결이 어렵다. 쓰면서 나를 돌아보고 부족함과 과오를 느끼며 역지사지를 경험한다. 화를 녹이고 나에게 너

그리움이라는 여유가 찾아온다. 산다는 것의 의미를 성현들의 생각에서 가져와 나의 생각에 맞닿게 하는 과정이 글쓰기이다. 과거의 원망은 사라지고 나와 너의 과거를 헤아려 용서하고 지금을 제대로 살게 하는 힘을 준다. 주체적으로 미래를 그려가는 희망이 꿈틀대는 경험은 쓰지 않고 얻기 어렵다.

무척 우울하고 고통스러운 날이나 슬플 때 나는 감사 일기를 쓴다. 전쟁 중인 사람들과 아이들을 떠올리며 내가 얼마나 많은 것을 누리고 있는지 생각한다. 롤러코스터처럼 힘든 날들을 겪어서인지 아침에 일어나면 아주 작은 집의 세면대에서 쪼르륵 나오는 따신 물이 그렇게 고마울 수가 없다. 가족의 건강과 평안이 스며드는 하루들을 감사하며 종이에 글을 쓰는 사이 내 행복의 크기를 깨닫는다. 슬픔과 고통은 이미 내 곁을 떠나기로 작정하고 마음은 다시 평온을 되찾는다.

6년 전 우연히 만난 네이버 카페에서 회원들과 함께 감사 일기, 미래 확언, 만 보 걷기를 인증하던 때가 있었다. 이러한 인증들은 칠흑 같았던 내 삶의 깜깜한 터널을 무사히 지나오는 데 큰 힘을 주었다. 미래 확언은 자기계발서 책들에서 자주 보는 시크릿 중 하나이다. 막연한 미래를 희망하는 것이 아니라 날짜를 정하고 미래를 선명하게 그린다.

"2027년 내 차를 타고 러시아를 횡단한다."
"2026년 나는 숲속 옹달샘 도서관 관장이 되었다."

이런 꿈들을 노트에 적고 꿈꾸면 현실이 되었다. 마법 같은 기적이 주는 선물이다. 삶의 방관자에서 주체자가 되는 길은 '쓰기'라는 작은 것에서 비롯된다. 우리는 모두 잘살고 싶다. 내 삶의 주인으로 성장하는 나날들을 기대한다면 써야 한다. 내 삶이라는 영화의 주인공으로 만족하지 않고 연출자가 되어 멋지게 완성해야 한다.

일기만 쓰던 내가 김원배 작가님을 만나 첫 공저 책을 냈다. 『4050 인생 리모델링』이라는 제목의 책을 내고 작가가 되었다. '무지렁이'라고 부르던 남편의 시선이 달라졌다. 아이들도 엄마를 응원했다. 이제 쓰는 일이 즐거운 놀이가 되었다. 잘 쓰기 위해 읽는 날들이 늘어갔다. 잘 쓰기 위해 도움 되는 작가들의 책을 찾아 읽기 시작했다. 독립 서점에 방문했다. 지기님과 두 번째 공저 책을 출간하였다.『개망초, 꽃말은 화해』라는 책이다. 이후 공저 시집도 출간하였다. 누구에게 보이기 위한 글쓰기가 아니다. 내 내면의 성장을 이끌어 멋진 인생을 자신에게 선물하고 싶어 계속 쓴다.

동네에서 글쓰기 친구들을 만났다. 맘도 곱고 각자의 개성만큼 멋진 글들을 생산하는 동생들이다. 우리는 목요일에 만나 각자 쓴 글을 나눈다. 서로에게 도움 되는 합평을 하며 응원하는 시간에 행복이 전염된다. 서평 쓰는 모임에도 참여한다. 한 작가의 책을 여섯 명이 읽고 쓰면 여섯 권의 책을 만나는 신기한 경험이 이어진다. 글쓰기 모임에 참여하면 사람의 온기와 사랑은 덤이 되어 내 가슴을 꽉 채우며 다시 일주일을 살아갈 식량이 되어준다. 함께 꽃피고 열매 맺는 보석 같은 날을 같이 가치롭게 희망한다. 물질보다 더 중요한 사라지지 않는 사람 부자로 만들어 준 것은 독서와 글쓰기 도반들이다.

잘 쓰려면 매일 써야 한다. 아침에 눈을 떠서 생각을 글로 쓰는 연습을 도반들과 하였다. 작은 수첩과 펜을 준비해 들고 다닌다. 떠오르는 잔상들을 놓치지 않고 메모해 두었다가 블로그나 노트에 글로 옮긴다. 편식하지 않는 독서로 다양한 분야의 책을 읽는다. 닥치는 대로 읽고 기록한다. 작년에는 175권의 책을 읽었다. 많이 읽고 자주 읽었더니 글쓰기가 즐겁다. 이제 농익은 나의 독서는 '정독'이라는 길을 찾는다. 다독과 정독 사이를 줄다리기하며 읽는 즐거움은 쓰기의 질을 풍요롭게 도와준다.

내 직업은 '행복 전도사 꿈통령'이다. 꿈이 하나 더 생겼다. 책으로 선한 영향력을 펼치는 것이다. 힘든 터널을 지나며 이제 나답게 삶을 즐기고 있다. '나답게' 사는 것에 어려움을 느끼는 아이들에게 다가가고 싶다. 도서관이나 작은 학교를 만드는 방법도 있으나 책이라는 매개로 다가가 보다 넓은 영역에서 '내가 나를 만나러 가는 여정의 즐거움'을 나누고 싶다. 모두가 행복한 세상을 꿈꾼다. 내가 심은 '한 그루'의 사과나무가 '숲'을 이룬다는 이야기만은 사실로 만들고 싶다. 내가 태어난 이유를 읽고 쓰며 사유하고 내가 태어난 값을 '소명'으로 답하고 떠나는 인생이고 싶다. '백만 송이 장미'의 '사랑'을 피우고 싶다. 아니 단 한 송이라도 제대로 피우다 가고 싶다. 내가 믿는 신이 부르시면 냉큼 달려가 웃으며 그분의 미소를 만나고 싶다. 그 여정에서 만나 읽기와 쓰기의 즐거움을 누리는 이 삶은 분명 축복받은 선물이다. 책을 읽고 쓰는 사람들은 천사다. 그곳에서 누리는 시간들은 천국 여행이다. 나는 지금 참 좋다.

> "읽는 것은 빌리는 것을 의미한다.
> 창작하는 것은 자기가 진 빚을 갚는 일이다."
> — G. C. 리히텐베르크 —

03
경험 속에서 글감을 찾아보자

— 김원배

2023년 5월 15일은 내 삶에서 또 하나의 커리어 이정표가 형성되는 날이다. 글쓰기 습관을 만들고 싶어 하는 분들을 위해 '4주간 글 쓰는 챌린지' 운영을 시작한 것이다. 일요일을 제외하고 주 6일씩 4주 동안 운영되는 이 챌린지는 현재 19기까지 운영 중이다. 새벽 6시쯤 내가 주제를 제시해 주면, 참가자들이 글을 작성해서 카페에 올려준다. 나는 글들을 읽으면서 피드백을 해 주는 방식으로 운영한다. 지금까지 1년 반 동안 쉼 없이 달려오고 있다.

글쓰기 챌린지를 운영하기 위해서 가장 중요한 것은 어

떻게 매 기수마다 다르게 글 주제를 줄 것인가 하는 문제였다. 19기까지 456개의 주제를 만들기 위해서는 여러 경로로 주제를 찾아야 했다. 주제를 찾는 나만의 방법은 인터넷 서점에서 에세이 책을 검색한 후 참여자들이 작성하기 쉬운 목차를 찾아서 제시하는 것이다. 요즘에는 기수별 주제를 정하고 그 주제에 맞는 글 쓰기 목차를 정하고 있다. 그리고 챗GPT의 도움을 받아서 글 주제를 선정하거나 일상생활 속에서 떠오르는 주제를 선정하기도 한다.

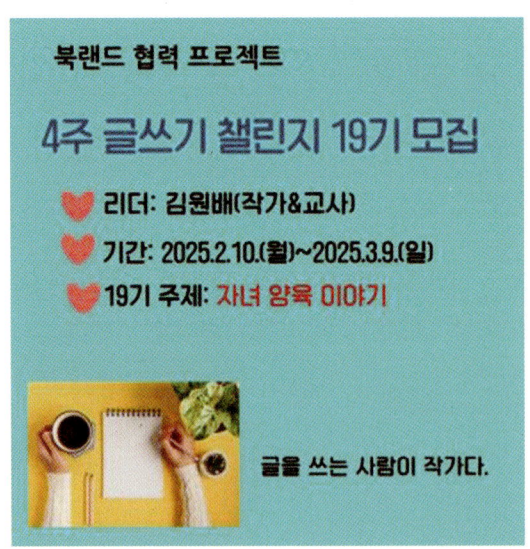

2024년에는 5권의 책을 출간했다. 현직에 있으면서 그렇

게 많은 책을 출간했느냐며 놀라는 분들도 있다. 나는 매일 책을 읽고 매일 글을 쓴다. 매일 쓰는 글들은 블로그에 보관하기도 하고, 전국교사작가협회 카페에 매일 글을 올리기도 한다. 종이 노트에 쓰던 편지도 요즘에는 노션Notion 프로그램에 매일 매일 일기 형식으로 일상을 기록하고 있다. 이렇게 매일 생각하고 매일 쓰는 활동들이 매달 책을 출간하는 힘이 되고 있다.

토론토 대학 교수 조던 피터슨은 "글쓰기는 생각하기이고 존재하고 살아가는 것이다. 따라서 글을 잘 쓰게 되면 생각을 잘하게 되고 생각을 잘하게 되면 지혜롭게 살게 된다. 지혜롭게 사는 사람은 잘살 확률이 높다."라고 말한다. 이 말은 글쓰기가 단순히 글을 쓰는 행위를 넘어, 우리의 생각과 삶에 깊은 영향을 미친다는 것을 의미한다. 글을 잘 쓰기 위해서는 독서가 기본이 되어야 한다. 생각을 확장시켜 주는 독서 활동이 선행되어야, 자신의 생각을 조리 있게 글로 표현할 수 있다.

블로그와 카페 그리고 글쓰기 챌린지에서 글을 매일 쓰기 위해서는 글감이 필요하다. '어떻게' 글을 써야 할지, 생각만 하면 글이 제대로 써지지 않는다. '무엇이'를 먼저 생각해야 한다. 자기 주변, 직업 활동, 지금 읽고 있는 책 속에서 글감을 찾을 줄 알아야 한다. 가족들과 맛나게 먹기 위해 음식을 만들 때 필요한 것이 그 음식을 만들 때 들어가는 재료들이다. 여러분이 작성한 글 속에서 근거를 제시하고 타당성을 갖추기 위해서는, 글감 즉 글의 재료들이 잘 버무려져야 한다. 자료를 수집하는 습관부터 가져야 하는 이유다.

4주 글쓰기 챌린지에서 참여자들에게 가장 많이 해 주는 피드백은 스토리를 활용해서 작성하라는 것이다. 자기 자신의 이야기가 가장 좋은 글이라고 할 수 있다. 그런데 꼭 내 것이 아니어도 좋다. 어디서 들은 이야기이건, 신문이건, 잡지에서 본 글이건, 인터넷에서 읽었던 글도 좋다. 이 재료들에 여러분들이 각색해서 스토리를 입힐 줄 알아야 한다는 것이다. 스토리가 되는 글을 쓰기 위해서는 글감을 많이 모아야 한다. 글감을 찾을 때는 자기가 알고 있거나 관심 갖고 있는 소재를 선정하는 것이 좋다. 집을 지으려면 건축 자재가 필요하듯 글을 쓰려면 글감이 필요하다. 글은 주제로만 완성될 수 있는 작업이 아니다. 주제를 뒷받침해 줄 수 있는 소재가 있어야 하는 것이다. 그 글감을 찾아보자.

첫째, 경험과 여행 속에서 찾아본다. 나는 국내여행이나 해외여행을 다니면서 날짜별로 여행 기록을 한다. 보고, 느낀 일, 먹었던 음식들 이야기, 주변 사람들의 이야기들을 스마트폰으로 메모해 뒀다가 집에 오면 블로그에 글로 남긴다.

둘째, 생각을 해야 한다. 즉 공상, 상상, 사유, 사색 등 다양한 방법으로 생각하라는 것이다. 학교에서 점심 식사하고 운동장 주변 등나무 아래에 앉아서 파란 하늘을 보기도 하고, 운동장에서 뛰어노는 아이들을 바라보며 멍때린다. 오전 동안 힘들었을 뇌에게 쉼을 주는 것이다. 쉼을 주면서 상상을 해보기도 하고 글 쓸 주제에 대해 아이디어를 구상하기도 한다. 깊이 생각하다 보면 꽤 괜찮은 아이디어들이 떠오른다.

셋째, 일상적인 대화 속에서 찾는다. 사람 많은 곳, 식당, 지하철 안에서 들리는 이야기들에서도 글의 소재를 찾는다. 또는 지인들과의 대화 속에서도 재미있는 사례들은 메모했다가 글을 쓸 때 활용한다. 주변에서 들리는 이야기들을 그냥 지나치지 말자.

넷째, 신문, 방송 등에서도 찾는다. 방송 프로그램이나 드라마 또는 영화 속 대화들을 듣다 보면 내가 쓰고 싶은 글들이 귀에 들려온다.

다섯째, 책이나 잡지 속에서 소재를 찾는다. 서점이나 도서관에서 서가를 둘러보면서 책을 펼쳐 보기도 하고, 의자에 앉아 읽으면서 마음속에 깊이 다가오는 문장들을 이용하여 글을 쓰기도 한다.

여섯째, 관찰이나 실험 결과 보고서 등을 활용하기도 한다. 논문 사이트나 각종 연구회에서 발표하는 보고 자료를 활용하여 글에 녹여내기도 한다. 글을 쓸 때 이 통계 자료는 내 이야기를 뒷받침하는 근거 자료가 된다.

일곱째, 명언이나 고사성어를 적절히 활용한다. 명언이나 속담들을 적절하게 검색해서 글을 작성하면 글이 훨씬 좋아진다.

이상으로 글감을 찾는 방법들을 살펴봤다. 그냥 무작정 생각나는 대로 글을 쓰기보다는 내가 독자들에게 제시하고

자 하는바, 즉 주제에 맞는 글을 써야 한다. 내 이야기를 쓸 때도 시시콜콜한 이야기를 나열하는 것이 아니라 '어떤 가치와 의미를 독자에게 줄 것인가?'를 먼저 생각하고 써야 한다. 일반적인 이야기는 독자들이 감동하지 않는다. 나의 글이, 나의 생각들이 한 권의 책이라는 콘텐츠로 나오기 위해서는 독자들을 먼저 생각하고 글을 써야 한다.

프랑스의 소설가 베르나르 베르베르는 40년 넘게 '매일 하루 열 장 쓰기'라는 규칙을 지켜왔다고 한다. 이를 위해 매일 4시간에서 5시간 정도 꾸준히 글쓰기를 했다고 한다. 그는 아이디어가 많아도 하루 열 장 규칙은 철저하게 지키면서 글을 썼다고 한다.

"나에게 책을 매년 한 권씩 내라고 강요하는 사람은 없다. 내 뇌가 가능한 한 그 잠재력을 새로운 세계관을 창조하는 데 최대한 활용하고 싶다. 삶의 끝에 다다라 결국 충분히 많은 세계를 만들지 못했다는 후회를 남기고 싶지는 않다."라고 베르나르 베르베르는 말한다.

나의 이야기를 글로 연결하려면 독서는 기본이지만 매일매일 글을 쓰는 것이 중요하다. 독서와 글쓰기는 한 몸이다. 여러분들의 이야기가 모여서 한 편의 드라마가 될 수도 있고, 한 권의 책이 될 수도 있다. 상상하는 것은 어렵다, 경험과 체험이 없으면 상상은 더욱 어렵고 힘들다. 지금 내가 활동하는 것, 직장에서 일하는 경험들, 지금 읽고 있는 책 속 이야기들이 뇌 속에서 융합되면서 상상력을 발휘할 수 있는 것이다. 뇌에게 상상할 수 있는 기회를 많이 줄수록, 글을 쓸 소재들은 엄청나게 늘어날 것이다.

"사람의 품격이 그 읽는 바의 서적으로 판단되는 것은
마치 사귀는 벗으로 그 사람을 판단할 수 있음과 같다."
― 새무얼 스마일스 ―

04
책과 나를 연결하는 다리, 글쓰기의 즐거움

– 박춘이

    책을 읽는 것은 세상과 깊은 대화를 나누는 일과 같다. 한 페이지 한 페이지를 넘기며 우리는 저자의 생각과 감정을 경험하고, 그들의 철학과 시각을 통해 새로운 관점을 발견한다. 하지만 단순히 읽기만 하는 것으로 독서가 완성되는 것은 아니다. 마치 퍼즐을 완성하는 마지막 조각처럼, 글쓰기를 통해 독서의 감동과 깨달음을 온전히 나의 것으로 만들어야 한다. 독서와 글쓰기는 서로를 보완하는 관계이며, 읽고 느낀 것을 글로 표현하는 과정에서 독서의 깊이는 더 깊어지고 이해는 더욱 선명해진다.

독서와 글쓰기는 하나의 흐름이다

　독서와 글쓰기는 동전의 양면과 같다. 책을 읽는다는 것은 저자의 사고를 받아들이는 것이고, 글을 쓴다는 것은 그 생각을 나만의 시선으로 해석하고 표현하는 과정이다. 책을 읽으며 떠올린 감정과 생각이 글쓰기를 통해 구체화되며, 이를 다시 정리하는 과정에서 나만의 통찰이 형성된다. 또한, 책의 내용을 글로 기록하면 단순한 기억을 넘어 스스로의 철학을 구축하는 데 도움이 된다.

　예를 들어, 소설을 읽으며 주인공의 선택에 공감하거나 반대되는 생각이 들었다면 이를 글로 적어보자. 단순한 감상을 넘어 '나는 왜 이렇게 생각하는가?'를 고민하면서 책의 내용을 더욱 깊이 이해할 수 있다. 이처럼 글쓰기는 저자의 생각을 내 언어로 재해석하는 과정이며, 결국 나의 사고를 확장하는 기회가 된다.

　한때 나는 자기계발서를 여러 권 읽으며 변화를 꿈꿨다. 그러나 처음부터 끝까지 정독하려다 보니 지루해졌고, 결국 책을 덮는 경우가 많았다. 그러던 중 '책의 핵심만 정리해도 충분하다'는 사실을 깨달았다. 그때부터는 책을 읽으며 중요하다고 생각한 부분을 발췌하여 정리하고, 그 내용을 바탕으로 내 생각을 덧붙여 글을 쓰기 시작했다. 이렇게 정리한 글을 다시 읽으면서, 단순히 정보를 습득하는 것을 넘어 나만의 시각이 형성되고 깊이 있는 사고가 가능해졌다.

독서를 글쓰기로 확장하는 방법

그렇다면 어떻게 글쓰기를 통해 독서의 효과를 높일 수 있을까? 글쓰기는 반드시 거창할 필요가 없다. 오히려 간단한 기록부터 시작하는 것이 지속 가능한 방법이다. 글쓰기의 가장 큰 장점은 자유롭다는 점이다. 정해진 형식 없이도 나만의 방식으로 독서를 기록하고 활용할 수 있다. 다음은 독서를 글쓰기로 연결하는 몇 가지 실용적인 방법이다.

첫째, 마음에 드는 구절을 카드 뉴스로 만들어보자.
책을 읽다 보면 가슴에 와닿는 문장이 있다. 나는 이런 문장을 이미지와 함께 카드 뉴스로 만들어 SNS에 공유하거나 블로그에 기록한다. 처음에는 단순히 문장을 적는 것에 그쳤지만, 점점 내 의견을 덧붙이기 시작했다. 그러자 독서의 기록이 단순한 메모에서 하나의 글이 되었고, 이를 통해 나만의 사고가 깊어지는 경험을 하게 되었다.

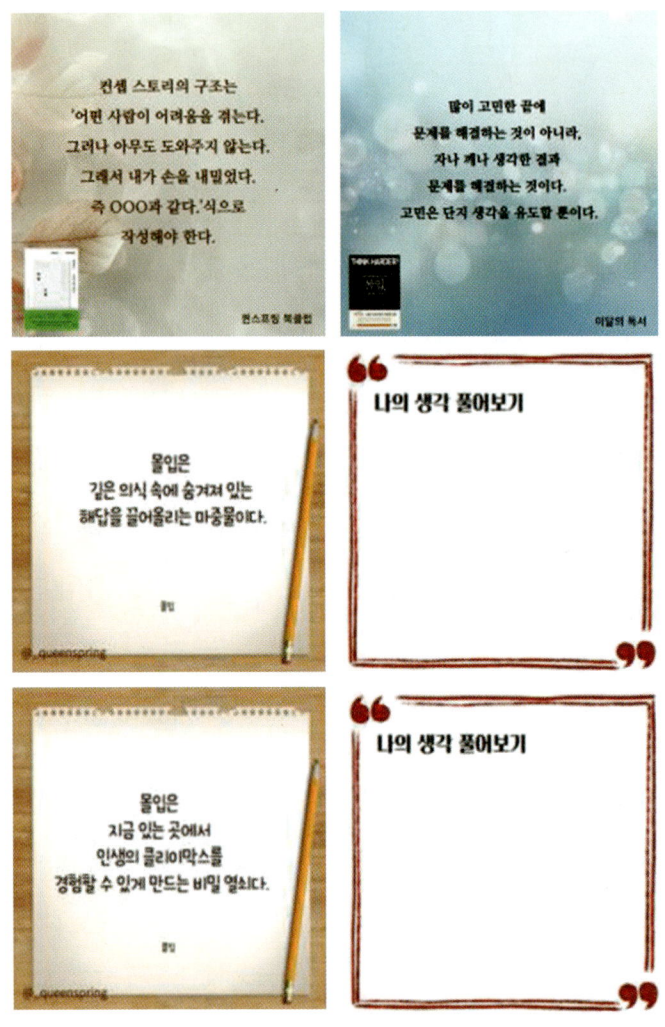

둘째, 독서 모임이나 단톡방에서 공유하기

책을 읽으며 떠오른 생각을 단톡방이나 독서 모임에서 공유하는 것도 좋은 방법이다. 나는 독서 모임을 운영하며 책의 주요 내용을 요약하고, 참가자들이 각자 느낀 점을 글로 적어 보도록 독려했다. 처음에는 부담을 느끼던 참가자들도 점차 생각을 정리하고 공유하면서 자연스럽게 글쓰기 습관을 들이게 되었다. 이렇게 대화를 통해 얻은 새로운 시각을 다시 글로 정리하는 과정은 독서 경험을 더욱 풍부하게 만든다.

단순히 구절을 공유하는 것에서 나아가, 내 생각을 함께 전달하면 다른 사람들의 의견을 들을 수 있어 더욱 풍성한

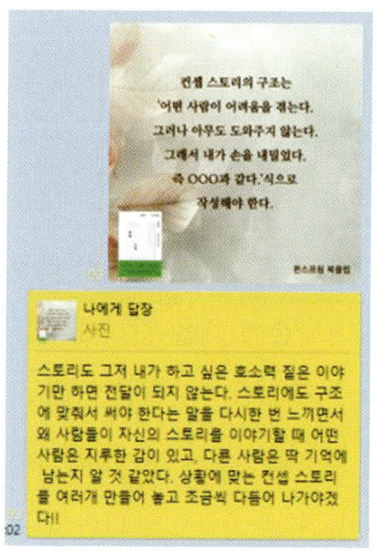
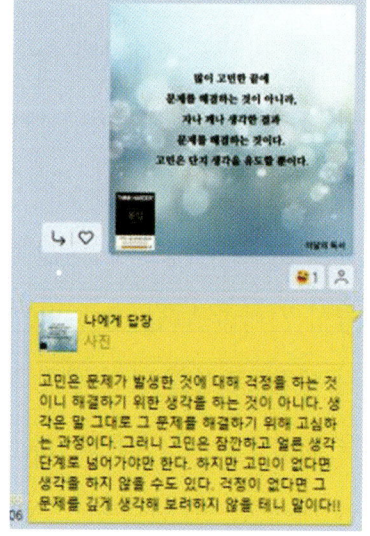

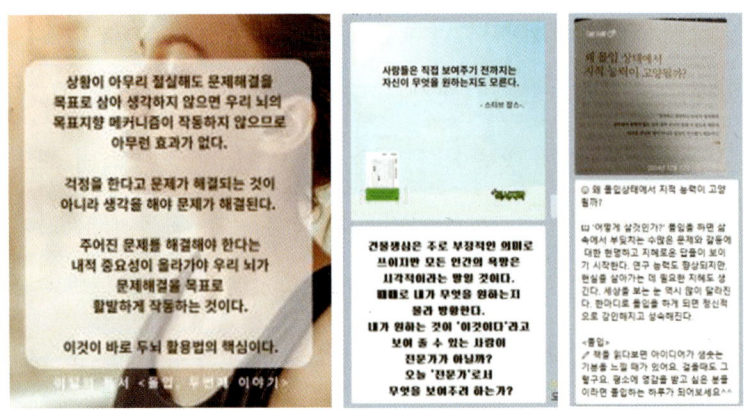

토론이 가능하다. 처음에는 한 줄의 감상평에서 시작하지만, 점점 생각이 정리되면서 더 깊이 있는 글을 쓰게 된다.

셋째, 책 요약과 메모 활용하기

책의 전반적인 내용을 요약하는 과정은 독서 이해도를 높이는 데 큰 도움이 된다. 나는 '노션'과 '씽크와이즈'라는 프로그램을 활용해 핵심 내용을 정리한다. 이후, 정리한 내용을 바탕으로 AI에게 요약을 요청하면 구조적으로 정리된 독서 기록을 남길 수 있다. 이 요약본에 책을 읽으며 떠올린 생각, 추천할 만한 관련 도서, 독서 퀴즈 등을 추가해 더욱 활용도 높은 자료로 만든다. 이 과정을 통해 독서 기록을 체계적으로 관리할 수 있으며, 이를 기반으로 나만의 독서법을 발전시킬 수 있다.

넷째, 블로그나 오디오 클립으로 정리하기

책을 읽고 정리한 내용을 블로그에 올리거나 오디오 클립으로 녹음해 공유하면 또 다른 독서 기록 방법이 된다. 나는 독서 후 블로그에 글을 작성하고, 그 글을 대본처럼 활용하여 오디오로 녹음해 오디오 클립으로 공유하는 방식을 시도했다. 이를 통해 책의 내용을 더 깊이 음미할 수 있었고, 나만의 독서 경험을 다양한 방식으로 확장할 수 있었다.

AI를 활용한 글쓰기 연습

요즘에는 챗GPT와 같이 글쓰기를 도와주는 다양한 AI 프로그램이 있다. 글을 쓰는 데 어려움을 느끼는 사람이라면 AI의 도움을 받아보자.

1) 아이디어 얻기

서평을 쓰거나 독후감을 작성할 때, 어디서부터 시작해야 할지 막막할 수 있다. 이럴 때 AI에게 "이 책에 대해 어떤 주제를 다루면 좋을까?"라고 물어보면, 유용한 키워드와 아이디어를 얻을 수 있다.

2) 글에 대한 피드백 받기

내가 쓴 글이 잘 정리되었는지 알고 싶다면 AI에게 피드백을 요청할 수 있다. 글의 구조나 문장을 더 매끄럽게 수정하는 데 도움이 된다.

3) 글쓰기 연습하기

AI를 활용해 매일 한 문장이라도 써 보는 연습을 해보자. 책에서 인상 깊은 문장을 가져와 AI에게 의견을 물어보거나, 독서에 관한 질문을 던지며 답변을 정리하는 것도 좋은 연습 방법이다. 꾸준한 연습을 통해 글쓰기 실력이 향상될 것이다.

독서와 글쓰기는 나를 성장시키는 도구다

책을 읽고 그 속에서 느낀 점을 글로 표현하는 것은 깊은 독서력을 길러주는 과정이다. 처음에는 서툴 수 있지만, 꾸준히 기록하다 보면 점점 더 깊이 있는 글을 쓸 수 있다. 그리고 이렇게 쓴 글은 시간이 지나면서 나의 성장과 변화를 확인할 수 있는 소중한 기록이 된다.

책을 읽고 느낀 점을 자유롭게 기록해 보자. 그것이 짧은 한 줄의 생각이라도 상관없다. 글을 쓰다 보면 어느새 더 깊은 독서력과 풍부한 사고력을 가진 나 자신을 발견할 것이다. 독서와 글쓰기는 서로를 풍요롭게 만들어 주는 아름다운 조합이기 때문이다.

> "책을 읽는다는 것은 하나의 세상을 만나는 일이고,
> 글을 쓴다는 것은 그 세상에 나를 담는 일이다."
>
> – 작자 미상 –

05
글쓰기의 무한 확장
- 일기 쓰기

- 김은미

  독서와 글쓰기는 실과 바늘처럼 떼려야 뗄 수 없는 관계이다. 읽는 즐거움 못지않게 큰 것이 쓰는 즐거움이다. 그런데 이 글쓰기는 독서에 비해 꽤 많은 연습과 훈련이 필요하다. 글쓰기를 훈련할 수 있는 쉬운 방법 두 가지가 있다. 바로 필사와 일기 쓰기이다.

  아이는 부모가 들려주는 소리를 따라 하면서 말을 배우기 시작한다. 부모는 아이에게 아빠, 엄마라는 말을 듣기 위해 같은 단어를 수없이 반복해서 들려준다. 아이는 "아바, 아바", "어마, 어마" 하면서 따라 하다가 어느 순간 "아빠", "엄마"라고 분명하게 발음한다. 이때 부모는 커다란 행복을 누리고 아이는 성취감을 느낀다. "아빠", "엄마"라고 부를 수 있게 된 아이는 웬만해서는 "아바", "어마"로 퇴행하지 않는다.

필사로 글쓰기의 첫걸음을 뗀다

글쓰기 또한 마찬가지이다. 좋은 글을 쓰고 싶다면 필사부터 시작해 본다. 좋은 글을 필사하는 것은 좋은 글을 쓰는 첫걸음이다. 먼저 좋아하는 작가의 작품을 고른다. 그 안에서 의미 있게 다가오는 문장이나 문단, 페이지를 필사한다. 필사 후 문장에 대한 자신의 느낌, 의견 등을 함께 쓰면 더욱 좋다. 또한 관심 있는 분야의 책을 필사하거나 사설이나 칼럼을 필사하는 방법도 있다. 신문, 시사잡지나 과학 잡지 등 비문학을 필사하면 이해력과 논리력을 함께 상승시킬 수 있다.

필사를 주기적으로 하면 자연스럽게 문장력이 향상된다. 필사하면서 글을 읽는 속도가 늦춰지고, 읽고 또 읽으며 글을 천천히 음미할 수 있게 되기 때문이다. 또한 필사하는 과정에서 바른 어휘와 맞춤법, 문법 등을 자연스럽게 습득하게 되고, 이로 인해 글의 이해도가 높아진다. 그리고 문장의 호응 관계를 익히게 되면서 바른 문장을 쓰는 방법이 저절로 몸에 배게 되는 것이다.

글을 자연스럽게 쓰고 싶다면 일기부터 써 본다

보통 초등학교에 들어가면 글쓰기 중에서 일기 쓰기부터 배운다. 1학년에는 그림일기, 2학년에는 줄 공책에 일기를 쓴다. 요즈음 코로나로 인해 학생들의 학습력이 떨어지면서 글쓰기 능력이 발달하지 못했다. 그래서 교과 과정과 별개로 초등 4~6학년 학생에게도 주제 일기를 쓰게 하는 곳도 있다.

일기는 매우 단순한 것 같지만 사실 논리적인 구조를 갖춘 훌륭한 글쓰기 방법이다. 또한 무한 확장이 가능하다. 일기는 그날그날의 기록이지만 소재와 시간을 자유롭게 선택하여 인상적인 일을 골라서 쓰는 것이므로 얼마든지 변형할 수 있다. 책을 읽은 후 쓰는 독서 일기, 관찰 일기, 수학 일기, 과학 일기, 사회 일기 등 학생들이 배우는 과목을 활용한 일기, 자신의 상황에 따라 육아 일기, 날씨 일기, 감정 일기, 업무 일기, 배움 일기 등 무궁무진하게 변형해서 쓸 수 있다.

또 일기는 다른 글로의 확장이 가능한 글쓰기이다. 일기를 한 문단으로 압축한 후 시로 바꾸어 볼 수 있다. 일기의 내용을 더 서술하여 수필로 바꿀 수도 있고, 일기의 의견을 토대로 문제 현상과 근거를 보강하여 논설문을 쓸 수도 있다.

이처럼 다양한 변신의 귀재인 일기를 쓸 때 가장 주의할 것은 하루에 있었던 여러 가지 사건을 단순 나열하지 말아야 한다는 것이다. 일기를 꾸준히 쓸 수 없거나 꾸준히 써도 발전이 없고 재미가 없는 경우에 아래의 방법들을 활용하면 도움이 된다.

먼저 일기를 쓸 때는 한 가지의 일만 쓰는 것이 좋다. 우리는 하루에 수많은 일을 경험한다. 눈떠서부터 잠자리에 들기까지 겪은 일을 헤아려보면 수만 가지가 될 것이다. 이러한 수만 가지 일 중에서 중요한 사건을 꼽으라면 보통 3~7가지의 일을 꼽을 수 있을 것이다. 여기에서 더 줄여본다. 오늘 하루 있었던 일 중에서 나에게 가장 중요한 일, 혹은 나에게 가장 인상적인 일을 한가지 골라낸다. 중요한 일이나 인상적인 일을 고를 때는 그 일에 대해 생각이나 의견이 있는지 검토해 보는 것이 좋다.

하나의 일을 선정했다면 그 일에 대해 최대한 자세하게 써 본다. 어떤 사건이나 일에 대해 구체적으로 쓰는 방법은 육하원칙을 활용하는 것이다.

- 언제 있었던 일인가?
- 그 일은 어디에서 일어났나?
- 누구와 관련된 일인가?
- 무슨 일이 있었나?
- 그 일은 왜 일어났나?
- 그래서 그 일은 어떻게 되었나?

육하원칙을 활용하여 생각을 정리하면 하나의 일에 대해 시간적 배경, 공간적 배경, 인물, 사건, 인과관계 등에 대해 자세히 분석할 수 있다. 그리고 그 일에 대해 깊이 파악해 볼 수 있다.

주요한 사건을 구체적으로 쓴 후에는 그 일에 대한 나의 의견을 쓴다. 보통 일기를 쓴 후 느낌만 쓰고 끝내는 경우가 있다. 그런데 느낌에는 마땅한 근거를 붙이기가 어렵다. 그래서 그 일에 대해서 느낌뿐만 아니라 깨달은 점이나 해결 방안, 결심, 다짐까지 써야 한다. 어떤 일에는 반드시 의견이 생기기 마련이다.

우리가 말이나 글로 표현하는 의견은 하나의 주장이 되므로 반드시 근거를 써 주어야 한다. 우리의 생각은 그냥 갑자기 혹은 저절로 떠오르는 것이 아니다. 어떤 현상이나 상황 가운데에서 평소 자신이 가지고 있던 신념이나 가치관, 경험 등이 맞물리며 의견이 생성된다. 사색을 통해 자신의 사고 경로를 되짚어 보면 근거를 찾아내는 것이 어렵지 않다. "나는 그 현상이나 문제 상황에 대해서 왜 그렇게 생각했을까?", "그 의견대로 하면 어떤 점이 좋을까?", "그 의견대로 하지 않았을 때는 어떠한 일이 발생할까?" 등을 스스로에게 질문하고 답을 하는 과정에서 자연스럽게 논리력을 기를 수 있다.

이처럼 일기 쓰기는 글쓰기의 문턱은 낮지만, 글쓰기 실력 향상에 큰 도움을 주는 방법이다. 일기를 써 본 지 너무 오래되었다면 일주일에 한 편이라도 쓰도록 한다. 불규칙적이어도 좋다. 중요한 것은 일단 써 보는 것이다. 일기를 꾸준히 쓰고 있다면 이 방법을 활용하여 깊은 사고로 나아가는 포문을 열 수 있을 것이다. 일기는 필사와 더불어 글쓰기 습관을 들이기에 아주 좋은 도구이다. 또한 일기는 다른 장르로 변형하기가 수월한 글이다.

글쓰기를 친근하게 생각하고, 습관화하기 위해 앞으로는 일기를 조금 더 구체적이고 세밀하게 써 보자. 그리고 일기를 줄이고 압축하여 시로 바꾸어 써 보고, 확장하여 수필로 바꾸어 써 보고, 일기 속의 의견을 활용하여 제안하는 글이나 주장하는 글 등의 논설문으로 써 보자. 이러한 변형과 확장으로 글쓰기의 재미를 발견할 수 있을 것이다.

글을 쓰다가 막힐 때 우리에게 훌륭한 길잡이가 되는 것 또한 독서이다. 류대성 작가는 『사적인 글쓰기』에서 독서를 글쓰기의 가장 절실한 창작 도구로 소개했다.

글쓰기에 탄력을 붙이고 터보 엔진을 달아 주는 가장 좋은 방법이 책 읽기다. 굳이 난이도를 따지자면 글쓰기보다 책 읽기가 좀 더 수월하다. 써지지 않을 때는 일단 읽어 보라. 남들은 어떻게 쓰는지, 무엇을 썼는지, 왜 썼는지 말이다. 시인은 태

어나지만, 작가는 만들어진다. 글을 쓰는 사람에게 책은 종이와 연필, 컴퓨터보다 더 절실한 창작 도구다. 어떤 책을 읽는지 무슨 생각을 하는지에 따라 지금 쓰는 글의 내용과 형식이 달라질 수 있기 때문이다.

읽기와 쓰기는 반드시 함께 길러야 하는 능력이다. 그런데 글쓰기에도 단계가 있다. 주변에서 일단 쓰라고 해서 마음먹고 글쓰기에 도전했으나 무엇부터 써야 할지 갈팡질팡할 수도 있다. 또한 글쓰기 관련 책이 너무 많아서 무엇부터 봐야 할지 모를 수도 있다. 쓰고 싶은 마음은 넘치는데 글쓰기가 주저될 때, 글을 쓰고는 싶은데 대체 무엇부터 써야 할지 모를 때, 블로그나 브런치 등 여러 경로를 통해 글을 쓰지만 가끔 턱턱 막힐 때, 자신 안에 있는 글감을 찾고 글쓰기 단계에 따라 도움을 받을 수 있는 도서를 소개하니 적절히 활용해보길 바란다.

글쓰기에 도움이 되는 단계별 추천 도서

1단계 : 글을 쓰고 싶지만 아직은 어떻게 시작해야 할지

너무 막막할 때 이 책을 먼저 본다.

『글쓰기도 습관이다』습관코칭연구소 지음

먼저 글쓰기의 정체성을 확립하고 작은 글쓰기부터 시작하면서 습관을 들여가기 좋은 책이다. 습관 코칭 연구소에서 중학생을 대상으로 쓴 책이므로 딱딱한 이론서가 아니라 실천에 초점을 둔 코칭 북이다. 성인에게도 글쓰기 전에 생각을 정리하는 법, 포스트잇 글쓰기, 주장하는 글, 자기소개서, 에세이, 독서 감상문, 서평 등을 처음 시작해 볼 때 매우 유용하다.

2단계 : 이제 글쓰기는 나의 습관이다. 그런데 가끔 막막하다고 여겨진다면 이 책이 도움이 된다.

『사적인 글쓰기』류대성 지음

글쓰기가 습관이 되었을 때 참고하기 좋다. 글을 쓰는 사람이라면 부딪쳐 봤을 실질적 고민과 그에 맞는 해결책을 친절하게 제시해 준다. 글을 본격적으로 쓰고 싶은 사람들에게 던지는 질문, 자신만의 글쓰기를 방해하는 편견들, 자신만의 글쓰기 비법을 만들어 가는 법 등을 통해 사적인 글쓰기의 영역을 확장하여 치유하는 글쓰기로 나아갈 수 있도록 도움을 준다.

3단계 : 글쓰기는 내 생활의 한 부분이 되었다. 오래 간직해 왔던 책 쓰기에도 도전해 보고 싶다면 이 책을 꼭 읽어본다.

『글쓰기 지우고 줄이고 바꿔라』 장순욱 지음

이제 글쓰기가 생활화 되었나? 글쓰기에 자신이 생기고 재미도 붙었다. 그런데 어느 날, 잘나가던 글이 갑자기 막혀서 전전긍긍할 때 도움이 되는 책이다. 저자는 단순한 문제 제시를 넘어 그것을 쉽게 제거해 주는 해결책을 제시하면서, 자신도 모르는 사이에 굳어버린 글쓰기의 나쁜 습관을 콕 집어 찾아주고, 뜯어고쳐 준다. 그 해법은 자신이 쓴 글을 지우고, 줄이고, 바꾸는 것이다. 책 속에 수록된 지우고, 줄이고, 바꾸는 다양한 예시가 여러분의 글이 더욱 매끄러워지도록 도움을 줄 것이다.

> "우리가 힘을 얻는 곳은
> 언제나 글을 쓰는 행위 자체에 있다."
> － 나탈리 골드버그 －

06
책 여백에 기록한 메모가
기록장이 되고 서평이 되다

— 한인신

나는 책을 다 읽고 난 뒤, 읽은 책 목록에 책 제목만 따로 적어둔다. 연도별로 표를 만들어 정리하기 때문에 한 해를 마무리할 때 어떤 책을 읽었는지, 얼마나 읽었는지 되돌아보기가 수월하다. 이렇게 시작한 기록이 계속되다 보니, 한 해의 독서 계획이 되기도 해서 꾸준히 이어가고 있다. 독서 기록장에 새로운 해가 시작될 때 그 연도를 쓰고 표를 만든 다음, 한 해의 독서 목표량에 맞춰 줄을 긋고, 다음 페이지에는 읽고 싶은 도서 목록을 적어둔다. 요즘에는 이 목록 다음에 철학 교사 안광복이 제안한 '꾸준히 즐겁게 한 달 네 권을 읽으려면'이라는 독서 플랜 방식을 추가해 두었다.

안광복이 권하는 방식은 즐겁게 책을 읽으면서도 고전을 꾸준히 읽을 수 있게 해 준다. 그는 한 달 독서 플랜에 책 네 권을 포함하라고 권한다. 한 권은 가볍게 읽을 수 있는 재미있는 책, 한 권은 한 달 동안 읽을 묵직한 고전, 한 권은 주간지나 월간지, 그리고 마지막 한 권은 신간으로 채우라는 것이다. 이렇게 하면 고전과 신간, 주간지까지 균형 잡힌 독서를 이어갈 수 있어 유용했다.

한 해가 끝날 무렵 도서 목록을 훑어보면 기억나지 않는 책들이 있다. '내가 이 책을 읽었나?' 싶을 정도로 제목조차 희미한 경우도 있다. 목록에 적었으니 분명 읽은 책일텐데, 내용을 전혀 떠올릴 수 없다는 사실은 당황스럽다. 이런 책들을 살펴보면, 주로 도서관에서 빌려 읽으면서 밑줄이나 메모를 남기지 못했거나, 반납 기한에 쫓겨 허둥지둥 반납하느라 독서 기록을 남기지 않은 경우가 많다. 빌린 책이 아니어도 기록 없이 넘어간 책들은 금세 기억에서 사라진다. 생각을 기록하지 않으니 내용이 제대로 각인되지 않고, 시간이 지나면 읽었다는 사실마저 잊히는 것이다.

깊이 있는 독서와 오래 기억에 남는 독서를 위해서는 '쓰면서 읽기'가 중요하다. 독서는 저자의 논리를 따라가며 이해를 넓히고, 저자의 의도를 파악하며 주제를 해석하는 과정이다. 이때 기록은 책에서 얻고자 하는 바를 정리하고 내용을 명확하게 이해하도록 돕는다.

김을호는 『결국 독서력이다』에서 "기록의 습관은 책을 적극적으로 읽는 변화를 만들어 낸다."라고 했다. 기록을 병행하면 저자의 논리구조, 전개 방식, 표현법을 익히게 되고, 이 과정에서 사고력과 표현력이 함께 성장한다. 독서와 쓰기를 병행한다는 것은 책을 읽으며 떠오르는 생각을 자신의 것으로 소화하는 과정이다. 쓰는 과정에서 생각이 정리되고 표현 능력이 향상되며, 책에서 얻은 생각을 삶에 적용하는 행동으로 연결할 수 있다. 결국 깊은 독서를 위해서는 반드시 쓰기가 수반되어야 한다.

기록은 거창할 필요가 없다. 인상 깊은 구절에 대한 자신의 생각을 한두 줄 정도 적어 보는 것만으로도 훌륭한 시작이다. 이렇게 조금씩 적어 가다 보면 생각이 정제되고, 글쓰기 실력도 자연스레 늘어난다. 그래도 쓰는 것이 부담스럽다면 스스로 질문을 던지고 답하는 방식으로 시작해 보자.

질문은 답을 구하게 만들고, 답은 생각을 완성하려는 의지를 불러일으킨다. 질문은 생각을 촉진하고, 생각이 무르익으면 자기 언어로 표현하게 된다. 질문으로 시작해 답으로 마무리하는 습관을 들이면 짧은 독서 기록에서 점차 긴 서평에까지 도달할 수 있다.

여백에 적는 질문 메모

독서 기록이 처음이라면 간단한 메모부터 시작하자. 독서 전문가 모티머 J. 애들러는 책의 맨 앞과 맨 뒤 빈 페이지를 적극적으로 활용하라고 조언한다. 독서 기록이 낯설다면 이 빈 페이지와 여백을 활용해 보자. 읽기 전, 읽는 중, 읽은 후라는 독서 과정의 흐름에 맞는 메모 방식이다.

〈읽기 전〉
- 책의 맨 앞 빈 페이지에는 "이 책의 제목을 왜 이렇게 정했을까?", "난 왜 이 책을 읽으려 했을까?" 같은 질문을 적어두자.
- 목차를 보고 "왜 이런 목차로 구성했을까?", "내가 기대하는 내용 중 어떤 것이 나올까?"라는 질문도 쓸 수 있다.

〈읽는 중〉
- 책을 읽어갈 때는 색깔 펜으로 밑줄을 그으며 핵심 문장이나 인

상적인 구절을 표시하고, 왜 그것이 핵심이거나 인상적인지 짧게 메모하자. 의견이 다른 부분에는 "내가 왜 다르게 생각하지?"라는 질문을 남기는 식이다. 이렇게 짧은 메모라도 해두면 독서 기록에 큰 도움이 된다.

〈읽은 후〉
• 책을 다 읽고 나서는 마지막 빈 페이지에 "저자가 궁극적으로 전하고 싶은 메시지는 무엇일까?", "이 책을 다 읽은 뒤 내 느낌은 어떠한가?"라는 질문을 적고, 앞서 적은 질문들과 연결해 보면 제법 긴 감상문도 쓸 수 있다.

고등학교 국어 교과서 지문 옆에는 '날개 질문'이 달려 있다. 주로 내용 이해를 돕는 질문들인데, 이는 학생들이 시험이나 수업을 위해 답하는 식이라 적극적 독서를 이끌기엔 부족하다고 생각한다. 사소한 질문이라도 스스로 만들고 답하는 연습이 필요하다. 주어진 질문에 답하는 것은 문제 풀이와 다를 바 없지만, 자신이 스스로 만든 질문은 책을 능동적으로 해석하도록 만든다. '날개 질문'에 답하고 나면 내용 파악은 끝났다고 생각하기 쉽고, 그 외의 의문을 품지 않게 된다. 주어진 질문들이 중요하다고 여기면, 스스로 던지는 질문은 사소하게 느낄 수도 있다. 그래서 교과서 외의 글을 다룰 때도 자기 질문을 작성해 보길 권한다.

위에서 말한 질문들을 예로 들어보면, 혼자 답하기 어려운 질문들은 남겨두었다가 더 생각해 보는 기회를 가질 수 있다. 자기 질문에 답하는 경험은 자신에게 긍정적인 자극을 주며, 사소한 질문이라도 의미가 있음을 깨닫게 한다. 성인 독자에게도 마찬가지다. 스스로 질문을 던지며 책을 읽으면 자신이 대단한 독자가 된 듯한 뿌듯함이 생긴다. 여기에 답을 기록하는 행위는 그런 괜찮은 자신을 확인하는 과정이 된다.

> * 독서 기록할 때 던질 수 있는 질문 예시
> (하나라도 골라 대답해 보자.)
> - 이 책의 제목을 이렇게 정한 이유는 무엇일까?
> - 나는 왜 이 책을 선택해서 읽으려 했을까?
> - 목차를 이렇게 정한 이유는 무엇일까?
> - 내가 기대하는 내용 중 어떤 것이 나올까?／목차를 봤을 때 저자가 말하려는 내용은 무엇일까?
> - 나는 왜 이 문장을 핵심적이라고 생각했을까?
> - 나는 왜 이 문장이 인상적이었을까?
> - 나는 이 부분에 대해 어떻게 생각하고 있지?／내가 다르게 생각한 이유는 무엇일까?
> - 읽고 난 뒤 내 생각과 느낌은 무엇인가?
> - 저자가 말하는 내용과 의도는 무엇일까?

독서 메모는 독서 기록의 기초가 된다. 책에 관해 메모하며 읽어가면 자연스럽게 독서 기록이 풍부해진다. 질문과 답변을 쌓아가면서 나중에 그중 몇 가지를 골라 순서를 정해 글을 쓰면 꽤 구체적인 독서 기록이 된다. 아래 질문을 어떤 순서로 배치하느냐에 따라 책을 바라보는 관점이 달라지고, A5 용지 한 장 정도의 글쓰기도 가능해진다.

> * 독서 메모가 독서 기록이 되는 글쓰기 방법
> 1. 이 책을 선택한 이유 → 인상적인 구절 1과 내 생각 → 인상적인 구절 2와 느낌 → 저자가 말하려는 것 → 읽고 난 뒤 내 생각
> 2. 목차를 보며 기대했던 것 → 인상적인 구절 1과 내 생각 → 핵심적인 문장과 이유 → 저자의 의도 → 제목의 의미 → 읽고 난 뒤 내 생각

여백에 적어둔 질문이 서평으로

질문하고 답하는 과정에서 쉽게 답하기 어려운 경우도 많을 것이다. 그런 과정 속에서 밑줄 긋기, 문장 곱씹기를 반복하며 생각하는 시간이 쌓이면, 자연스럽게 질문과 답변의 수준이 깊어지고 단단해진다. 이렇게 공들인 질문과 답변은

서평으로 이어질 수도 있다.

서평은 책의 가치를 평가하고, 읽는 이를 설득하는 논리 전개가 중요하다. 질문을 통해 확보한 자료와 정리된 의견은 서평을 쓰는 든든한 재료가 된다. 질문을 많이 던지고 기록해 온 경험이 쌓이면 책의 의미를 평가하고 타인에게 가치를 전달하는 글쓰기에 자신감이 붙는다.

> *** 서평이 될 수 있는 질문 예시**
> - 이 책을 읽은 이유는 무엇인가?
> - 저자가 말하고자 하는 핵심은 무엇인가?
> - 저자는 어떤 근거로 독자를 설득하는가?
> - 인상 깊은 구절은 무엇이고, 왜 그렇게 느꼈는가?
> - 이 책이 사회적으로 어떤 의의를 가질까?
> - 저자의 의도와 근거는 무엇인가?
> - 나는 왜 감동했고, 누구에게 이 책을 추천하고 싶은가?

이러한 질문들을 조합해 자신 있게 답변할 수 있는 것들을 선택하고 배열하면 자연스럽게 서평이 된다. 질문은 독서 내용을 깊이 이해하고 오래 기억하도록 돕는다. 또한 스스로 무엇을 알고 무엇을 모르는지 확인하게 하며, 호기심을 자극하여 사고력과 문제해결력을 키운다. 질문을 토대로 한 메모와 기록은 글쓰기 재료가 되고, 더 나아가 책의 가치를 평가하는 능력을 길러준다. 꾸준히 질문하다 보면 어느새 긴 글을 쓰는 자신을 발견하게 될 것이다.

> *** 질문을 연결해 서평을 쓰는 방법**
> 1. 이 책을 읽은 이유는 뭘까 – 저자가 뭘 얘기하고 싶은 걸까? – 저자는 무슨 근거를 들어 설득을 펼치는가? – 다른 사람들은 이 글을 읽고 어떤 말을 할까? – 인상 깊은 구절과 그 이유는 뭘까? – 이 책은 우리 사회에 어떤 의의가 있을까?
> 2. 저자는 어떤 사람일까? – 이 책 내용을 한마디로 요약한다면? – 인상 깊은 구절과 그 이유는 뭘까? – 저자의 의도와 근거는 무엇일까? – 나는 왜 감동하였을까? – 누구에게 추천하고 싶은가?

김병완은 『책 쓰기 혁명』에서 "우리의 일상은 그대로 두면 흩어져 무질서한 상태로 사라지지만, 글을 쓰면 새로운 것을 창조하는 순간으로 바꿀 수 있다."라고 강조한다. 이 말을 독서에 대입하면 "책을 읽고 그대로 두면 기억에서 사라져 무의미해질 수 있지만, 기록을 하면 새로운 의미를 창출하는 창조의 순간으로 만들 수 있다."라고 할 수 있다. 결국 기록 습관을 통해 독서 경험은 단순한 기억이 아닌 삶에 적용 가능한 지혜로 거듭나고, 이는 글쓰기와 서평으로 이어지는 출발점이 될 것이다.

"천 개의 곡조를 다룬 후에야 음악을 알게 되고,
천 개의 칼을 본 후에야 명검을 알게 된다."

― 유협, 『문심조룡』 중에서 ―

에필로그

처음 공저를 시작할 때는 과연 내가 한 권의 책을 완성할 수 있을까 하는 걱정이 앞섰습니다. 하지만 한 줄, 한 단락씩 써 내려가며 글을 잘 쓰는 것보다 진심을 담는 것이 더 중요하다는 걸 깨달았습니다. 글을 쓰며 멈춰 서기도 했고, 기억 속 깊은 감정을 꺼내는 일이 쉽지 않았지만, 함께하는 이들이 있어 끝까지 포기하지 않을 수 있었습니다. 서로의 글을 읽고 응원하며, 우리는 한 권의 책을 완성했습니다. 이 책이 누군가에게 작은 위로와 용기가 되기를 바랍니다. 마지막 장을 넘기는 이 순간이 또 다른 시작이 될 것이라 믿으며, 우리도 새로운 이야기를 만들어가겠습니다.

― 박춘이

집필하는 과정에서 작가님들은 각자 다른 배경과 경험을 가지고 있지만, 글쓰기와 독서라는 공통의 길을 통해 새로운 가능성을 발견하고 성장하는 뜻깊은 시간을 보냈습니다. 독서는 단순한 지식 습득을 넘어 우리의 사고와 감정을 풍부하게 하고, 글쓰기는 우리의 내면을 표현하는 강력한 도구가 될 수 있음을 함께 경험했습니다. 이 책을 읽은 여러분은 이제 글을 쓰고 독서를 통해 자신의 이야기를 만들어갈 준비가 되어 있을 것입니다. 여러분이 쓴 한 줄, 한 문장은 여러분의 삶을 비추는 거울이 될 것입니다. 앞으로의 여정에서 주저하지 말고 다양한 장르와 주제에 도전하세요. 글쓰기와 독서의 여정을 통해 자신만의 목소리를 찾아가는 멋진 인생이 되기를 기원합니다.

- 송숙영

 이 책을 읽은 후 당신에게 어떤 변화가 생겼다면 그것만으로도 충분합니다. 인공지능은 앞으로 우리 삶에 더 많은 영향력을 미칠 것이고, 인공지능이 없는 삶은 상상할 수 없게 될 것입니다. 그러나 이 책을 읽고 여러분의 삶에 적용할 만한 방법을 찾았다면 인공지능의 거대한 흐름에서 즐거운 독서의 파도타기를 해볼 수 있을 것입니다.

 이제 당신만의 독서 레시피를 만들어보십시오.

 어떤 책을 얼마나 읽을지, 어떻게 읽을지, 무엇을 기록할지 생각하며 즐거운 독서의 길로 들어서시길 응원합니다.

- 김은미

신문에서 '인공지능, 인간의 창의성을 넘어선다'라는 기사를 읽었습니다. 인공지능이 예술 작품을 창작하고, 감정을 이해하며 문제 해결에 참여하는 현실을 보여주었습니다. 그 기사를 읽으며 저는 '인공지능과 공존하는 시대에 인간의 가치를 지켜가려면 무엇을 해야 할까?' 하는 질문이 떠올랐어요. 제 나름대로 찾은 답은 '독서'와 '글쓰기'였습니다. 이 내용을 책에 담아보려 했지만, 부족한 필력에 아쉬움이 남습니다. 그나마 포기하지 않고 끝까지 쓸 수 있었던 것은 '함께'였기에 가능했습니다. 이 책도 독자 여러분의 '독서'와 '글쓰기' 여정에 작은 등불로, '함께'할 수 있었으면 하는 바람입니다.

— 한인신

독서로 제2의 인생을 맞이하여 풍요로운 삶을 살고 있다. 학교에서 학생들과 만나 수업을 하는 시간은 무척 행복해서 죽어도 여한이 없다는 '꼴까닥 수업'이라고 이름 붙였다. 이제 남은 시간은 제대로 나를 만나 나다운 한 걸음을 오롯이 걷는 여정이다. 흔들리며 꽃이 피듯이 가고자 하는 방향, 지향이 있는 우리는 방황하며 한 송이 자신의 꽃을 피울 것이다. 그 과정을 즐기는 지금 이 시간이 좋다. 나만 즐거울 수 없기에 또 글을 쓰고 공저에 참여한다. '함께꽃'을 피우기 위해서다. 독서는 21세기 신자유주의 자본주의 세상을 안전하게 건너는 다리가 되어주었다. 이제 비상하려 한다. 독자와 함께.

― 김수연

"당신 정말 특이해, 어떻게 그런 생각을 하지" 아내는 요즘 들어 이런 말을 자주 한다. 예전의 내 모습이 아니라는 얘기다. 나는 이 말을 좋아한다. 내가 긍정적으로 변하고 성장하고 있다는 의미이기 때문이다. 하고 싶은 일을 하면서 사는 삶이 행복할 것이라고 믿는다. 행복을 만들어가는 길에 가장 큰 역할을 한 것이 매일 새벽에 일어나서 읽는 책이었다. 매일 읽는 책 한 권이 내 삶을 송두리째 흔들었다. 나는 진화 중이고 성장 중이다.

― 김원배

인공지능 시대이기에 더욱 필요한 독서, 그 세계에 뛰어들기

권선복(도서출판 행복에너지 대표이사)

2025년의 최신 트렌드를 무엇으로 정의할 수 있을까요? 여러 후보가 있을 테지만 가장 많은 사람들이 꼽는 것은 '인공지능'일 것입니다. 2022년 공개된 대화형 인공지능 'Chat GPT'는 대화를 통한 일반적 문제 해결은 물론 높은 수준의 프로그래밍, 작문, 이미지 생성까지 가능해 많은 분야에서 활용되고 있습니다.

하지만 이러한 발전이 무색하게 그 인공지능을 활용해야 할 인간은 광범위한 정신적, 지적 어려움을 겪고 있는 것이 현실입니다. 영국 옥스퍼드대학교 출판부는 2024년의 '올해의 단어'로 'Brain rot'(뇌 썩음)을 선정했다고 밝혔는데 이는 디지털 콘텐츠의 무분별한 과소비로 인해 인간의 지적, 정신적 상태가 악화하는 것을 이르는 신조어이며, 적절한 분별과 사유 없이 과도한 양의 콘텐츠와 정보에 인간이 휩쓸리면 어떤 부작용이 일어나는지 보여주고 있습니다.

이 책 『챗GPT 시대 독서레시피 만들고 즐기기』는 이러한 인공지능 및 과다 정보의 세상에서 인공지능의 부작용을 해소하고 인간의 주체성을 지키기 위해 독서가 필수라는 점을 주지하는 한편, 평소 독서가 습관화되어 있지 않은 사람들이 어떻게 하면 행복하고 즐거운 독서 습관을 가질 수 있는지를 친절하게 알려 주고 있는 가이드북입니다.

책은 현직 교사와 독서 리더로 이루어진 6명의 저자들이 독서를 해야 하는 이유, 독서에 필요한 전략, 다독의 필요성 여부, 독서노트의 필요성, 독서력(力), 독서와 연결되는 글쓰기의 필요성 등을 자신의 경험과 신념, 교육 방법에 근거하여 풀어내고 있습니다. '독서'라는 같은 주제와 목적이더라도 개인의 경험은 각기 다르기에 때로는 서로 다른 의견을 제시하고 있는 부분도 있지만, 이러한 다양성이 독자들로 하여금 자신의 현재 상황과 성향에 맞는 독서 습관을 만들어 나가는 데에 더 큰 힘이 되어 줄 것입니다.

그 어떤 계기로 독서를 시작하게 되었든 독서는 반드시 변화를 수반하게 됩니다. 모든 독자분들이 이 책과 함께 자신만의 독서 레시피를 창조하여 인공지능을 두려워하기보다는 현명하게 활용할 수 있는 힘을 가질 수 있기를 희망합니다.

좋은 **원고**나 **출판 기획**이 있으신 분은 언제든지 **행복에너지**의 문을 두드려 주시기 바랍니다.
ksbdata@hanmail.net www.happybook.or.kr 문의 ☎ 010-3267-6277

'행복에너지'의 해피 대한민국 프로젝트!

<모교 책 보내기 운동> <군부대 책 보내기 운동>

한 권의 책은 한 사람의 인생을 바꾸는 힘을 가지고 있습니다. 한 사람의 인생이 바뀌면 한 나라의 국운이 바뀝니다. 그럼에도 불구하고 많은 학교의 도서관이 가난하며 나라를 지키는 군인들은 사회와 단절되어 자기계발을 하기 어렵습니다. 저희 행복에너지에서는 베스트셀러와 각종 기관에서 우수도서로 선정된 도서를 중심으로 <모교 책 보내기 운동>과 <군부대 책 보내기 운동>을 펼치고 있습니다. 책을 제공해 주시면 수요기관에서 감사장과 함께 기부금 영수증을 받을 수 있어 좋은 일에 따르는 적절한 세액 공제의 혜택도 뒤따르게 됩니다. 대한민국의 미래, 젊은이들에게 좋은 책을 보내주십시오. 독자 여러분의 자랑스러운 모교와 군부대에 보내진 한 권의 책은 더 크게 성장할 대한민국의 발판이 될 것입니다.